WAS BLEIBT
NACHWIRKUNGEN DES KONZENTRATIONSLAGERS FLOSSENBÜRG

KZ-Gedenkstätte Flossenbürg | STIFTUNG BAYERISCHE GEDENKSTÄTTEN

INHALT

VORWORT
SEITE 9

GESTALTUNGSKONZEPT
SEITE 14

PERIODEN

FRÜHJAHR 1945
SCHWELLENSITUATION BEFREIUNG
SEITE 30

SOMMER 1945–1950
ÜBERGANG UND NEUORDNUNG
SEITE 50

1950–1958
SCHLUSSSTRICH UND INTEGRATION
SEITE 70

1958–1970
VERDRÄNGEN UND VERGESSEN
SEITE 94

1970–1980
SELEKTIVES ERINNERN
SEITE 116

1980–1995
UMSTRITTENE WIEDERENTDECKUNG
SEITE 138

1995–2010
HINTERLASSENSCHAFTEN
SEITE 158

WAS BLEIBT – VOM ENTWURF ZUR AUSSTELLUNG
SEITE 187

ANHANG
SEITE 215

IMPRESSUM
SEITE 222

VORWORT

NACHWIRKUNGEN UND PERSPEKTIVEN
EINE BESTANDSAUFNAHME DEUTSCHER ERINNERUNGSKULTUR

Das Gedenken an die Opfer des Nationalsozialismus ist in der Erinnerungs- und Kulturpolitik der Bundesrepublik Deutschland und des Freistaats Bayern fest etabliert. Der 65. Jahrestag von Kriegsende und Befreiung der Konzentrationslager wurde bundesweit mit eindrucksvollen staatsoffiziellen Gedenkfeiern begangen. Hunderte hochbetagte KZ-Überlebende nahmen auf Einladung der Bundes- und Landesregierungen als Zeitzeugen an Gesprächen mit jungen Menschen teil. In der KZ-Gedenkstätte Flossenbürg trafen sich während des Gedenkwochenendes 2010 fast 2.000 Menschen aus der ganzen Welt – darunter rund 100 ehemalige Häftlinge und über 300 Angehörige – um der Opfer zu gedenken, aber auch um einander zuzuhören und voneinander zu lernen.
Aus heutiger Sicht erscheint es vielen, als sei dies schon immer so gewesen. Die Erinnerung an die Opfer des Nationalsozialismus ist so sehr Konsens, dass sie bereits Gegenreaktionen produziert. Kritische Wissenschaftler, zynische Publizisten und ganz gewöhnliche Rechtsradikale sprechen bereits von der „DIN-Norm des Gedenkens", von „Gedenkestablishment" oder von „Gedächtnistheater". Andere, vermeintlich jahrzehntelang vernachlässigte Kriegs-Opfergruppen reklamieren für sich, nun endlich auch mal dran zu sein. Die deutsche Erinnerungskultur, so etabliert und statisch sie auf den ersten Blick erscheint, ist in Bewegung. Zyklisch und in immer kürzeren Abständen wiederholen sich die Kämpfe um die Deutungshoheit über den Begriff des Opfers.

Eine zweite Momentaufnahme: Anlässlich des 50. Jahrestages der Befreiung hatten sich 1995 in Flossenbürg weit über 1.000 Menschen versammelt, unter ihnen auch eine große Zahl ehemaliger Häftlinge. Erstmals hatte der Freistaat Bayern zu einer offiziellen Gedenkfeier nach Flossenbürg geladen – 50 Jahre nach Kriegsende. Für viele der Überlebenden war die seinerzeitige Rückkehr ein Schock. Das ehemalige Lager war fast völlig verschwunden: Dort, wo sich einst die Baracken befanden, standen nun Wohnhäuser; der ehemalige Appellplatz war zum Industrieareal geworden; auf dem früheren Sterbebereich im Quarantänelager erstreckte sich ein idyllischer Landschaftspark. Es war kaum mehr etwas übrig vom ehemaligen Konzentrationslager Flossenbürg. Und dennoch war vieles geblieben: Verborgenes, Verschüttetes, Abgeschottetes, Verdrängtes, Verstecktes, Verschwiegenes.

Vorwort

WAS BLEIBT VON EINEM EHEMALIGEN KONZENTRATIONSLAGER?

Diese Frage hat sich das Ausstellungsteam in den letzten zwei Jahren immer wieder gestellt. Welche Spuren bleiben von einem Tatort tausendfachen Mordens? Wie erinnert man sich der Taten? Wie gedenkt man der Toten? Wer erinnert sich an die Opfer? Was passiert mit den Tätern? Und vor allem: Wie leben die ehemaligen Gefangenen mit der schrecklichen Erfahrung der KZ-Haft weiter?

Das ehemalige Konzentrationslager Flossenbürg eignet sich wie kein zweites, Antworten auf diese Fragen zu finden. Denn Flossenbürg ist der Prototyp des „vergessenen Lagers" schlechthin. *„Ich habe von Auschwitz gehört und von Dachau, aber noch nie von Flossenbürg"*, so die Aussage einer jungen Passantin, als sie nach dem Namen Flossenbürg gefragt wurde. Am Beispiel der Rezeptionsgeschichte des Konzentrationslagers Flossenbürg lässt sich exemplarisch zeigen, wie sich Bilder von Geschichte formen und verformen lassen, wie sich die Dimension und Dramatik des Geschehenen fast bis zur Unkenntlichkeit weichzeichnen lassen. Die Bekanntheit der jeweiligen Konzentrationslager und das Wissen um die dort begangenen Verbrechen leiten sich nicht von der historischen Bedeutung der jeweiligen Lager ab. Der Publizist Salomon Korn hat immer wieder betont, dass die Erinnerung im öffentlichen Raum weniger von den Ergebnissen historischer Forschung als vielmehr von der öffentlichen Darstellung, Vergegenwärtigung, Symbolisierung und Inszenierung des Vergangenen beeinflusst wird.

Was bleibt nach 1945 von dem Ort? Was bleibt an Erinnerung? Was bleibt von den Überlebenden? Und was bleibt von den Tätern? Die Kuratoren der Ausstellung haben diese vier Leitfragen konsequent in die Chronologie der deutschen Zeitgeschichte der letzten 65 Jahre eingebettet. Sie wollten zeigen, wie viel Erinnerung zu welcher Zeit möglich war – und auch: wie viel Vergessen und Verdrängen beabsichtigt war. Das Ergebnis, das mit der neuen Ausstellung und dem vorliegenden Katalog präsentiert wird, ist eine Beispielsgeschichte deutscher, präziser gesagt west-deutscher Erinnerungskultur mit einer charakteristischen bayerischen Note.

DIE NARRATIVE DER AUSSTELLUNG

Die Erzählung beginnt mit der Schwellensituation der Befreiung, die für die ehemaligen Häftlinge das Ende ihrer Gefangenschaft bedeutete, die sie aber auch gleichzeitig mit dem ungeheuren Verlust, den sie erlitten hatten, konfrontierte. Der Neuanfang, verbunden mit den Schmerzen dieses Verlustes, war oftmals der Aufbruch in eine völlig neue Welt. Die frühere Heimat existierte für viele nicht mehr – alle Familienangehörigen waren ermordet. Für den Ort Flossenbürg wiederum war die Heimat zwar als örtliches Kontinuum bestehen geblieben, seit dem Ende des Krieges stemmten sich die Flossenbürger aber vehement gegen das Stigma, Einwohner eines KZ-Ortes zu sein.

Die eingangs erwähnte Opferkonkurrenz ist kein Phänomen aktueller Geschichtspolitik. Seit den späten 1940er Jahren erklärte sich die Gemeinde Flossenbürg selbst zum größten Opfer des KZ und seiner Nachwirkungen. Der von amerikanischen Befreiern errichtete Friedhof sowie eine von polnischen Displaced Persons initiierte Gedenkstätte galten ihr hierfür als Beleg. Zu den Opfern zählten sich Anfang der 1950er Jahre auch die wenigen von einem amerikanischen Militärgericht verurteilten Täter des KZ Flossenbürg, für deren Freilassung Bittbriefe und Protestnoten verfasst wurden.

Während sich die Gemeinde Flossenbürg Ende der 1950er Jahre endlich in der Behaglichkeit einer überwunden geglaubten KZ-Vergangenheit einrichtete und auf den einstigen „Stätten des Leids" nun „Heime des Glücks" entstanden, war der ehemalige Lagerleiter des Frauen-Außenlagers Helmbrechts längst wieder der bestens integrierte „gute Mensch von Höpfingen". Gleichzeitig musste der ehemalige Flossenbürg-Häftling Kynophas Schmidt einen entwürdigenden Kampf um Entschädigung führen. Diese wurde dem Sinto wiederholt verweigert, da er ja wegen seiner „zigeunerischen Lebensart" und nicht aus politischen Gründen im KZ inhaftiert gewesen sei.

Die Ausstellung WAS BLEIBT zeichnet sich, wie könnte es auch anders sein, durch eine kritische Grundhaltung aus. Präziser gesagt: Sie will zeitgeschichtlich einordnen, dabei aber analytisch bleiben und weder anklagen noch moralisieren. Denn sie zeigt ebenfalls die erinnerungskulturellen Aufbrüche, das Engagement vieler Gruppen und Einzelpersonen: die jährlichen Pilgerfahrten der französischen Association de Flossenbürg, die Initiativen der Evangelischen Kirche, und auch die sich allmählich wandelnde Haltung der Kommune und ihrer Bürger.

Vorwort

Die Ausstellung WAS BLEIBT ist bewusst offen angelegt, sowohl inhaltlich wie auch gestalterisch. Erinnerung ist stets ein offener Prozess, denn sowohl die Akteure als auch die Haltungen wandeln sich mit dem jeweiligen Zeitkontext. Dennoch bleiben in der Nachgeschichte eines Konzentrationslagers Konstanten: der Ort, die Formen der Erinnerung, die Überlebenden und auch die Täter. Bei den beiden letzten Gruppen stellen sich mittlerweile die nachfolgenden Generationen in die Verantwortung. Die Ausstellung hat bewusst keinen Schluss, sondern einen Epilog, der abermals die Frage nach dem stellt, WAS BLEIBT und die Besucherinnen und Besucher zu einer eigenen Meinungsäußerung auffordert.

WAS BLEIBT – ALS AGGREGATZUSTAND

Zwischen dem ersten offiziellen Gedenkakt des Freistaates Bayern im Jahr 1995 und der Eröffnung der Ausstellung WAS BLEIBT – Nachwirkungen des Konzentrationslagers Flossenbürg liegen exakt fünfzehn Jahre. In diesen eineinhalb Jahrzehnten hat die KZ-Gedenkstätte Flossenbürg ihren Status und auch ihren Charakter fundamental verändert. Sie wandelte sich von einer parkähnlichen Friedhofsanlage zu einer arbeitenden Gedenkstätte. Dort, wo vor wenigen Jahren noch Kabelstränge für die Automobilindustrie produziert wurden, ist nun die zweite große Dauerausstellung der KZ-Gedenkstätte Flossenbürg zu besichtigen. Dennoch beschreibt die neue Ausstellung nicht in erster Linie eine Erfolgsgeschichte der KZ-Gedenkstätte Flossenbürg, sondern vielmehr einen Aggregatzustand der gegenwärtigen deutschen Erinnerungskultur.

Dass dieser Zustand erreicht wurde, ist das Verdienst vieler. Die Ausstellung WAS BLEIBT ist in ihrer inhaltlichen und ästhetischen Umsetzung bisher einzigartig in der Landschaft deutscher Erinnerungsorte. Die Kuratoren und die Gestalter wollten mit ihrem Konzept die Grenzen bisheriger zeithistorischer Präsentationsformen bewusst überschreiten. Nicht um der Innovation und Provokation, sondern um der Erkenntnis willen. Und auch um die These von der vermeintlichen „Erstarrung" der deutschen Erinnerungskultur zu widerlegen.

Großer Dank gilt all jenen, die uns dies ermöglicht haben – zuvorderst natürlich den Geldgebern aus Land und Bund: dem Bayerischen Ministerium für Unterricht und Kultus, der Stiftung Bayerische Gedenkstätten sowie dem Bundesbeauftragten für Kultur und Medien, aber auch den Parlamenten und ihren Abgeordneten, die hierfür die Weichen gestellt haben. Herausgehoben sei auch der wissenschaftliche

Beirat der Gedenkstätte, der uns mit einem überaus großen, wenn auch mitunter skeptischen Vertrauensvorschuss ausgestattet hat. Gleiches gilt ausdrücklich für Herrn Karl Freller, der uns als Direktor der Stiftung Bayerische Gedenkstätten den Rücken freigehalten und die Notwendigkeit freien wissenschaftlichen Arbeitens stets erkannt und gewährt hat. Besonders bedanken möchte ich mich bei meinen Kolleginnen und Kollegen aus der Gedenkstätte und bei einem beispiellos kundigen und motivierten Ausstellungsteam. Bei den beiden Projektkoordinatoren Ulrich Fritz und Johannes Ibel, bei Anja Fritz, Kathrin Helldorfer, Annette Kraus, Christa Schikorra und Alexander Schmidt. Und natürlich bei den kreativen Partnern des Gestaltungsbüros Bertron Schwarz Frey.

Die Arbeit mit allen Genannten war und ist eine persönliche Bereicherung. Auch und gerade deswegen, weil der Ernst des Themas und vor allem die Würde der ehemaligen Häftlinge für das gesamte Team stets handlungsleitend waren. Sollte man dies der Ausstellung anmerken, wäre das für uns das größte Kompliment.

Jörg Skriebeleit

GESTALTUNGSKONZEPT

DIE VERGEGENSTÄNDLICHUNG DER ZEIT DURCH DEN RAUM

WAS BLEIBT ist eine Ausstellung zur Nachkriegsgeschichte des ehemaligen KZ Flossenbürg und bildet die Fortsetzung der bestehenden Dauerausstellung „Konzentrationslager Flossenbürg 1938–1945".

Das Gestaltungskonzept fragt danach, wie Ort und Raum sich auf die Erinnerung auswirken, und versucht, das Phänomen Zeit visuell abzubilden. Grundlegend sind dabei zwei Aspekte:
– der Raum als Mittel zur Strukturierung von Geschichte
– der Raum als Mittel zur Memorierung von Geschichte
Einerseits wird die Erinnerung mit Orten und Gegenständen verknüpft, andererseits ist der Raum ein Beziehungsgefüge, das weniger der Erinnerung als der Informationsvermittlung und gleichsam als Erkenntnisinstrument dient. Räumliche Beziehungen können abstrakte inhaltliche Beziehungen auf klare Weise veranschaulichen. In diesem Sinne kann man den Raum als eigenständiges Medium verstehen.

GESTALTUNG IST HALTUNG

Wir beschäftigen uns bei der Aufgabe der Ausstellungsgestaltung mit der Gegenwart der Vergangenheit. Thematisch behandelt die Ausstellung die Nachwirkungen des Konzentrationslagers Flossenbürg, also die Geschichte von 1945 bis heute.
Die Geschehnisse im ehemaligen KZ Flossenbürg sind zweifellos der Vergangenheit zuzuordnen. In einem modernen, zeitgemäßen Verständnis geht es nicht nur darum, an diese Vergangenheit zu erinnern, mit dem Ziel, dass diese Betrachtung dann in einem wiederholten „Nie wieder" mündet. Vielmehr gilt es, Erkenntnisse aus der Beschäftigung und Auseinandersetzung mit dieser Vergangenheit zu ziehen. Es stellt sich die Frage, wie diese Vergangenheit rezipiert wird, wie die Geschichte auf die Gegenwart einwirkt.

Eine weitere grundsätzliche Überlegung beschäftigt sich mit der Ästhetik des Ekels. Gräuel üben eine eigenartige und fragwürdige Anziehungskraft aus. Es gibt Situationen, in denen man den Blick nicht abwenden kann. Das Abbild des Schrecklichen, Abscheulichen, wirkt anziehend und abstoßend zugleich.

Die explizite Darstellung von Leichen bedeutet einen Tabubruch. Die abschreckende Wirkung von Gräueldarstellungen ist fraglich. Im Angesicht des bis dahin Unvorstellbaren baut der Betrachter aus Selbstschutz eine innere Distanz auf. Die in vielen Dokumentationen dargestellten Vorgänge der Massenvernichtungen haben zweifellos stattgefunden. Die schonungslose Konfrontation mit Bergen abgemagerter Leichen stellt jedoch noch nicht per se eine heilende Schocktherapie dar.

Im Zusammenhang mit diesen Überlegungen haben wir andere Gedenkstätten hinsichtlich ihrer Gestaltungselemente analysiert und die Frage gestellt, ob es einen einheitlichen, erkennbaren Formenkanon für Gedenkstätten gibt. Was ist die Syntax des Gedenkstätten-Designs? Und wie weit darf man sich davon entfernen, ohne Gefahr zu laufen, eine dem Thema unangemessene Darstellung zu entwerfen?
Soviel kann man zum allgemeinen Duktus von Gedenkstätten feststellen: Der Kanon ist gekennzeichnet durch funktionale Text-Bildanordnungen mit strikt dokumentarischem Charakter und einer streng (chrono-)logischen Anordnung. Die gängigen Darstellungen repräsentieren zwar in glaubwürdiger Weise die Realität, jedoch handelt es sich dabei überdeutlich um eine abgeschlossene Vergangenheit.

Das Wagnis, eingetretene Wege zu verlassen, neue Vermittlungsformen zu suchen und damit vielleicht sogar zu provozieren, sind die Wissenschaftler in Flossenbürg bewusst eingegangen. Bekannte Muster und Wahrnehmungsgewohnheiten werden aufgebrochen, um bestehende Erwartungshorizonte zu erweitern. Das Wesen des Neuen liegt dabei in einem Medienkonzept, das zwar die klassische Triade von Objekt, Text und Bild beibehält, jedoch die gängigen Vermittlungsformen dekonstruiert.

DAS KLASSISCHE DRAMA ALS VORLAGE
Der Entwurf sucht neue Wege der Vermittlung von Geschichte und verlässt dabei den bestehenden Formenkanon der deutschen Gedenkstätten-Landschaft. Gegliedert ist die Ausstellung wie ein klassisches Drama, mit Prolog und Epilog. Im Foyer bezieht eine raumgreifende Medieninstallation die Besucher ein. Der Hauptteil durchbricht mit seiner Darstellungsform gängige Wahrnehmungsmuster – ein neues Medienformat arbeitet mit der Verfremdung von bewegtem

Gestaltungskonzept

Bild und Ton. Die ausgestellten Objekte konfrontieren die Besucher mit originalen Tondokumenten. Am Ende gibt die Ausstellung den Blick frei auf das Zentrum des Geschehens und bietet Raum zur Reflexion. Ziel der Gestalter ist es, zur Auseinandersetzung anzuregen und das Gestern mit dem Heute und Morgen in Beziehung zu setzen.

NEUE MEDIENFORMATE
Im Foyer werfen Projektoren Zitate von Besuchern und Bürgern an die Wände. Das projizierte Zitat bleibt für eine gewisse Zeit präsent, bevor es dann wieder verschwindet. Der Besucher sieht seinen eigenen Schatten an der Wand und kann sich so selbst in Beziehung zu den Zitaten setzen, die Reaktionen, Eindrücke, Meinungen und Fragen an die Geschichte reflektieren.

Der Hauptteil ist in seiner Struktur chronologisch geordnet. Die Chronologie wird jedoch erweitert durch eine Gliederung in vier Betrachtungsaspekte: Ort – Erinnerung – Überlebende – Täter. Originale Objekte belegen die Geschichte und bieten thematische Bezüge. Die Präsentation erfolgt klassisch, in jeweils auf das Objekt speziell abgestimmten Vitrinen. Die Objektpräsentationen sind teilweise mit Audio-Installationen kombiniert, die Originaltexte über gerichtete Lautsprecher abspielen. Die Hör-Dokumente haben ebenso wie originale Objekte authentischen Charakter. Gesprochene Sprache erzeugt beim Zuhörer ein eigenes, inneres Bild und beglaubigt außerdem, zum Beispiel bei Berichten von Zeitzeugen, die abstrakten historischen Darstellungen. Akustische Medien sind auch im besonderen Maße dazu geeignet, Emotionen zu erzeugen. Kaum jemandem kommen beim Anblick eines Bildes oder beim Lesen eines Textes Tränen – dagegen lösen Musik und erzählte Geschichten starke Emotionen in uns aus. Das „Hinsehen müssen" bei Abbildungen des Gräuels wird ersetzt durch ein „Hinhören müssen". Das Abstoßende und Distanzierende wird ersetzt durch Verständnis und das Erzeugen von Empathie.

EINE RÄUMLICHE ERZÄHLFORM
An Stelle eines strikten Nacheinander steht ein strukturiertes Nebeneinander von Informationen und Vermittlungsformen, das Bezüge erkennen und Schlüsse ziehen lässt. Die Wissensaneignung leistet das Publikum autonom. Eine Reihenfolge ist nicht vorgegeben. Die klare, übersichtliche Anordnung der einzelnen Ausstellungselemente – Vitrinen, Hörstationen und synchronoptische Medienwand – bietet jedoch jederzeit, an jeder Stelle, eine zeitliche und thematische Orientierung und Zuordnung.

Dieser neue Ansatz begreift das Denken als offenes System, mit dem Ziel, Erkenntnis durch Lesbarkeit von Zusammenhängen zu erreichen.

Mit der synchronoptischen Medienwand wurde eine neue Darstellungsform gefunden. Bewegte Bilder – Filmausschnitte, animierte Fotografien, Darstellungen, Zeichnungen und Erläuterungen – vermitteln sich ohne zusätzlichen Ton. Dieser Verfremdungseffekt bindet in erstaunlichem Maße die Aufmerksamkeit des Publikums und bringt das historische Material in seiner dokumentarischen Kraft besser zur Geltung. Filmdokumenten haftet durch die spezifischen technischen Bedingungen, unter denen sie entstanden sind, häufig etwas an, das unter Umständen dem Verständnis und einer objektiven Bewertung des Gesehenen entgegen wirkt. Nimmt man z.B. bei Aufzeichnungen von Nachkriegsprozessen den für die Zeit typischen, bellenden Ton weg, entsteht ein wesentlich neutraleres, einfacher wahrzunehmendes und verständlicheres Bild. Die Medienwand ist klassischen Ausstellungstafeln überlegen; sie bietet auf relativ begrenztem Raum, autoaktiv gesteuert, drei verschiedene Modi:

Modus A: Bewegte Bilder – mit unmittelbarem Bezug zu Flossenbürg
Modus B: Text – Ereignisse aus der Rezeptionsgeschichte des Nationalsozialismus in der Bundesrepublik und der DDR
Modus C: Bild – Ikonen zur Zeitgeschichte nach 1945

EPILOG
Am Ende gibt die Ausstellung den Blick frei auf den ehemaligen Appellplatz, das Zentrum des Häftlingslagers. Diese Konfrontation bietet Raum zur Reflexion. Der Titel WAS BLEIBT stellt hier gleichzeitig die Frage „was wird". Die Ausstellung zeigt, wann und wie die Verbrechen in einem bestimmten KZ-Komplex erinnert oder vergessen wurden. Sie zeigt auch, dass das Erinnern, die Aufmerksamkeit für die Opfer und das Bewahren von Spuren lange Zeit nicht selbstverständlich waren. Und sie zeigt damit nicht zuletzt, dass die Nachwirkungen des Konzentrationslagers Flossenbürg kein geschichtliches Phänomen sind, sondern bis in die Gegenwart zur Auseinandersetzung einladen.

Ulrich Schwarz

Ausstellung Exhibition
was bleibt | what remains
Nachwirkungen des Konzentrationslagers Flossenbürg
The Aftermath of the Flossenbürg Concentration Camp

KZ-Gedenkstätte
Flossenbürg

STIFTUNG
BAYERISCHE GEDENKSTÄTTEN

Die Landschaft
kann nichts dafür
die ist ja nicht böse.

Es sollte nicht immer
zu Lasten der Flossenbürger
gehen.

I will go back home,
I will give them
a message of the things
I saw here and felt here.

Není to moc autentický,
spíš jakoby jen památník.

Die Landschaft
kann nichts dafür,
die ist ja nicht böse.

It is the next generation,
your generation, that have to know.

Mein Großvater war hier, er war hier als Häftling.

Ein komisches Gefühl
ist das schon, dass da plötzlich
Wohnhäuser stehen.

Ich habe von Dachau
 und Auschwitz gehört,
 aber noch nie von Flossenbürg.

Doch, es gehört dazu.
 Es ist ein Stück Geschichte
unserer Heimat.

Es sollte nicht immer
 zu Lasten der Flossenbürger gehen.

I will go back home,
 I will give them
a message of the things
 I saw here and felt here.

PERIODEN

FRÜHJAHR 1945
SCHWELLENSITUATION BEFREIUNG
SEITE 30

SOMMER 1945–1950
ÜBERGANG UND NEUORDNUNG
SEITE 50

1950–1958
SCHLUSSSTRICH UND INTEGRATION
SEITE 70

1958–1970
VERDRÄNGEN UND VERGESSEN
SEITE 94

1970–1980
SELEKTIVES ERINNERN
SEITE 116

1980–1995
UMSTRITTENE WIEDERENTDECKUNG
SEITE 138

1995–2010
HINTERLASSENSCHAFTEN
SEITE 158

FRÜHJAHR 1945
SCHWELLENSITUATION BEFREIUNG

Zwei Wochen vor dem Ende des Zweiten Weltkriegs in Europa erreichen amerikanische Einheiten Flossenbürg. Im Konzentrationslager finden sie nur noch 1.500 Häftlinge vor. Die meisten Gefangenen befinden sich auf Todesmärschen durch ganz Bayern. Die Überlebenden werden medizinisch versorgt, doch viele Befreite sterben noch an den Folgen der Haft. Für die Toten lässt die Militärregierung mitten im Ort einen Ehrenfriedhof anlegen.

Mit einem Banner vor der Kommandantur begrüßen die Gefangenen ihre Befreier, US Army Signal Corps, 30. April 1945
National Archives, Washington D.C.

Schwellensituation Befreiung Frühjahr 1945

Im Frühjahr 1945 endet der Zweite Weltkrieg in Europa. Die deutsche Wehrmacht kann den Vormarsch der alliierten Streitkräfte im Westen und der Roten Armee im Osten nicht mehr aufhalten. Am 11. April befreien amerikanische Einheiten das KZ Buchenwald. Am 25. April treffen sich amerikanische und sowjetische Truppen in Torgau an der Elbe. Am 30. April erobert die Rote Armee Berlin. In Böhmen dauern die Kämpfe bis zur Kapitulation am 8. Mai.

Die Eroberung der Oberpfalz beginnt für die US-Armee aus der Luft. Die zahlreichen Tieffliegerangriffe der US Air Force treffen nicht nur strategische Ziele, sondern auch einen Zugtransport mit jüdischen Häftlingen aus dem KZ Flossenbürg. Bis zum 20. April werden die Häftlinge von dort in mehreren Kolonnen auf Todesmärsche in Richtung Süden getrieben. Auch die SS-Wachmannschaften verlassen das Lager. Nur die kranken und marschunfähigen Häftlinge bleiben zurück. Unmittelbar nach dem Aufbruch der letzten Marschkolonnen bilden die zurückgelassenen Gefangenen ein internationales Lagerkomitee. Die Häftlinge wollen die Disziplin aufrechterhalten, Kranke versorgen, versteckte Waffen finden, Beweismaterial sicherstellen und Täter festhalten.

Für die amerikanischen Truppen ist die Existenz des Konzentrationslagers Flossenbürg völlig bedeutungslos, sie haben mit der unübersichtlichen militärischen Lage zu kämpfen. Eher zufällig erreichen mehrere Aufklärungseinheiten am 23. April nahezu zeitgleich das Lagergelände und befreien die verbliebenen 1.500 Gefangenen.

Den Moment der Befreiung hält der tschechische Häftlingsschreiber Emil Lešák fest. Er setzt sich sofort, nachdem die SS-Männer das Lager verlassen haben, in der Kommandantur an eine Schreibmaschine und verfasst einen ersten Tatsachenbericht über die Geschehnisse im Lager:

„Jetzt muss ich unterbrechen, die Befreier sind da!!!!!!
Es ist der 23.4.45, 10.50 Uhr !!!!!!
Ich habe den bereits gehaltenen Schild ausgehangen:
Prisoners happy end – Welcome –
und sofort die ersten Anweisungen bezüglich der versteckten Waffen gegeben.
Ein Leutnant mit 4 anderen Soldaten haben alles betrachtet und jetzt kann ich weiterschreiben."

DIE BEFREIER

Die US-Soldaten sind zunächst von der Situation überfordert, verschaffen sich einen groben Überblick, suchen ebenfalls nach versprengten SS-Truppen und versteckten Waffen. Sie finden die verlassene Messerschmitt-Flugzeugfabrik vor. Die vielen nicht bestatteten Toten, der extrem schlechte physische Zustand der Überlebenden – all das macht den Soldaten unmissverständlich klar, dass sie einen Tatort schrecklicher Verbrechen entdeckt haben.

Militärärzte stellen das Lager unter Quarantäne, untersuchen die Kranken und leiten Anti-Typhus-Maßnahmen in die Wege. Verlauste Baracken werden mit DDT ausgesprüht. Die US-Armee kann aber nicht verhindern, dass noch viele der Befreiten an den Folgen der Haft sterben. Da die Leichen wegen der Seuchengefahr schnell beseitigt werden müssen, betreibt sie zunächst das Krematorium weiter. Die Amerikaner errichten eine provisorische Militärverwaltung über den Ort Flossenbürg. Einheiten des US Signal Corps filmen und fotografieren. Sie dokumentieren das Lagergelände mit den Baracken, den Lagereingang, einzelne Gebäude, Exekutionsorte, kranke Überlebende, Leichen, das Krematorium und Aschereste.

DIE HÄFTLINGE

Am 1. Mai zählt ein amerikanischer Untersuchungsbericht rund 1.300 Überlebende auf, davon die Hälfte unter Quarantäne im Krankenrevier. In Flossenbürg organisiert das internationale Lagerkomitee eine erste Befreiungs- und Gedenkfeier auf dem ehemaligen Appellplatz. Die Rednertribüne wird mit den Flaggen der Siegermächte geschmückt und mit den Porträts der alliierten Führer: Dem sowjetischen Staats- und Parteichef Josef Stalin, dem kurz zuvor verstorbenen US-Präsidenten Franklin D. Roosevelt und dem englischen Premierminister Winston Churchill. Für ihre Flaggen verwenden die nationalen Gruppen alle Stoffe, derer sie habhaft werden können, darunter auch frühere Hakenkreuzfahnen.

Der Selbstbehauptungswille der Gefangenen kommt auch in anderer Form zum Ausdruck. Viele lassen sich im Lagergelände, vor der Kommandantur oder dem Lagertor fotografieren. Einige zeichnen Porträts ihrer Mitgefangenen – diese Bilder zeigen zwar die Spuren der Haft, aber auch die neu gewonnene Identität der Befreiten.

DIE FLOSSENBÜRGER

„Was wird aus dem Dorf, den Familien, insbesondere den Kindern, wenn die Wellen des Krieges auch über Flossenbürg brausen, das Lager seine Pforten öffnen muss und dem Hass und der aufgespeicherten Wut der Insassen freier Lauf gegeben werden? Niemand konnte sich wohl irgendwie optimistisch gearteten Erwartungen hingeben. Gottlob ist dann alles für das Dorf gut gegangen." Mit diesen Worten beschreibt der evangelische Pfarrer im Juli 1945 die Einnahme des Ortes durch die alliierten Truppen. Die befürchteten Racheakte frei umherziehender Häftlinge bleiben aus.

Eine Woche nach der Befreiung lässt die US-Armee den Betrieb des Krematoriums stoppen. Einwohner des Ortes müssen auf einer Wiese mitten im Ort Gräber ausheben, Schreiner müssen Holzsärge bereitstellen. Im Lager legen ehemalige Häftlinge ihre toten Kameraden in die Särge, die auf geschmückten Ochsen- und Pferdefuhrwerken zu dem neuen Friedhof transportiert werden. Dort findet auf Anordnung der Militärverwaltung eine religiöse Zeremonie statt, mit Ansprachen eines protestantischen und eines katholischen Geistlichen sowie eines Militärrabbiners. Einheimische Mädchen und junge Frauen müssen Blumen auf die geschlossenen Särge legen, Überlebende lassen sie in die Gräber hinab. Ein amerikanischer Soldat spielt Trompete. Die Bevölkerung wird zur Teilnahme verpflichtet und sieht der pietätvollen Bestattung der Toten von der anderen Seite des Zaunes aus zu. Der neue Friedhof, die erste Gedenkstätte für die Opfer des KZ Flossenbürg, wird mit schlichten Holzkreuzen und Davidsternen geschmückt, die – sofern bekannt – die Namen und Todesdaten der Verstorbenen tragen.

Die Flossenbürger empfinden die würdevolle Einzelbestattung der Opfer als Willkürakt der Besatzer, die dem Ort und seinen Bewohnern die Schuld an den Verbrechen im Konzentrationslager aufbürden wollen. Im Gegensatz zu den angeordneten Begräbnissen an zahlreichen anderen Orten in Bayern, Sachsen und Böhmen kann man in Flossenbürg jedoch kaum von einem Sühnebegräbnis sprechen. An anderen Orten muss die Bevölkerung Leichen exhumieren, Särge offen aufbahren, die Begräbnisorte oder die jeweiligen Lagergelände aufsuchen – so etwa in Helmbrechts, in Neunburg vorm Wald oder Wallern (heute Volary). Dort ist die Absicht der Militärverwaltung unmissverständlich: Vergeltung und Aufklärung, Konfrontation mit den Verbrechen und Gräueln, die vor der eigenen Haustüre stattgefunden haben.

Auch sonst geht die US-Armee mit der Flossenbürger Bevölkerung nicht besonders hart ins Gericht: Nur der NS-Bürgermeister und der Ortsgruppenleiter der NSDAP werden verhaftet. Verhöre beschränken sich auf zivile Angestellte im KZ-Steinbruch sowie auf Ehefrauen von SS-Männern, die zu Aufräumarbeiten im Lager verpflichtet werden.

Ab dem Tag der Befreiung bis Ende Mai sterben noch weit über 100 ehemalige Häftlinge. Anfang Mai können die ersten Überlebenden in Sammelunterkünfte für heimatlose Ausländer, so genannte Displaced Persons (DPs), verlegt werden, und die ersten Repatriierungsmaßnahmen laufen an. Über 1.200 Befreite können in ihre Heimatländer zurückkehren, nachdem ihre Haftgründe und eine eventuelle Kollaborationstätigkeit überprüft worden sind. Ende Mai ist das Lager so gut wie leer. Am 3. Juni 1945 zieht die US-Armee ihre Militärabteilungen aus den Baracken ab. Auch das internationale Häftlingskomitee löst sich auf. Seine Mitglieder sind in Hospitäler oder Übergangslager verlegt worden, emigrieren oder kehren heim.

DAS KZ FLOSSENBÜRG – KEIN ORT DES GRAUENS?

Die Befreiung der großen Konzentrationslager hinterlässt bei den Soldaten und in der Weltöffentlichkeit einen starken Eindruck. Immer wieder ist vom Grauen, von den „atrocities" die Rede. Das gilt für das KZ Auschwitz, für das KZ Buchenwald und einige seiner Außenlager ebenso wie für das KZ Dachau. Bilder der zahllosen ausgemergelten Insassen und der riesigen Leichenberge prägen die frühe Nachkriegsrezeption. Auch die vielen tausend Häftlinge des KZ Flossenbürg und anderer Lager, die auf den Todesmärschen durch ganz Bayern umkommen oder bei ihrer Befreiung halb tot sind, erzeugen in den Medien ein starkes Echo – so die Todesmarschopfer in Neunburg vorm Wald.

Im Gegensatz dazu findet die unspektakuläre, gewaltlose Einnahme des fast leeren KZ Flossenbürg kaum Resonanz in der westlichen Presse, die von Anfang an das Bild einer minderschweren Verbrechensstätte prägt.

Johannes Ibel

Schwellensituation Befreiung Frühjahr 1945

1945

11.–14. Februar 1945: Konferenz von Jalta
Die Staatschefs der Sowjetunion, der USA und Großbritanniens – Stalin, Roosevelt und Churchill – vereinbaren die Aufteilung Deutschlands in Besatzungszonen.

Konferenz von Jalta
Februar 1945
picture alliance / akg-images

27. Januar 1945: Befreiung des KZ Auschwitz
Am 27. Januar befreien sowjetische Truppen das Konzentrationslager Auschwitz.
Sie finden rund 8.000 Häftlinge vor.

Sowjetische Flagge auf dem Berliner Reichstag, nachgestellt am 2. Mai 1945
picture alliance/dpa

Befreite Häftlinge im KZ Buchenwald
16. April 1945
bpk

8. Mai 1945: Bedingungslose Kapitulation

Mit der bedingungslosen Kapitulation der deutschen Streitkräfte endet der Zweite Weltkrieg in Europa.

Tatort Flossenbürg

Einheiten der US-Armee dokumentieren das Lagergelände und inspizieren den Tatort, US Army Signal Corps, 30. April und 4. Mai 1945.

National Archives, Washington D.C.

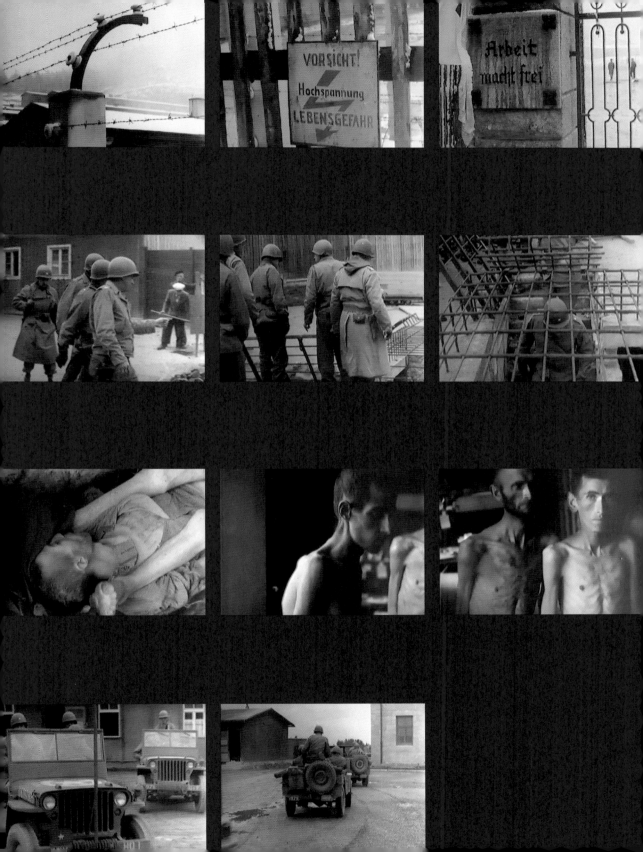

Schwellensituation Befreiung   Frühjahr 1945

ORT

BEFREIUNG
Im April 1945 kämpft sich die 3. US-Armee gegen deutsche Truppen in Nordbayern vor. Eher zufällig entdecken Einheiten der 90. US-Infanteriedivision das KZ Flossenbürg. Die Ankunft der Soldaten am 23. April bedeutet für die Häftlinge die Befreiung.

Hemd von Lieutenant Samuel Goldstein, 357. Infanterieregiment, der an der Befreiung des KZ Flossenbürg beteiligt ist
KZ-Gedenkstätte Flossenbürg

Helm eines Soldaten der 90. US-Infanteriedivision
Das Abzeichen „TO" verweist auf den Spitznamen der Division „Tough 'Ombres" („Harte Burschen").
KZ-Gedenkstätte Flossenbürg

ÜBERLEBENDE

Der ehemalige Häftling Leo Mistinger über den 23. April 1945, den Tag der Befreiung:
„Am 23. in der Früh sind sie mit einem Jeep dagewesen und einem Maschinengewehr, das hat so rausgeschaut, und vier Soldaten. Und die haben Kaugummi gekaut und haben geraucht und mir sind die Tränen heruntergeflossen. Ohne dass ich das Gefühl gehabt habe zu weinen, war es bei mir, wie wenn ich einen Nervenzusammenbruch gehabt hätte, weil ich jetzt das Gefühl gehabt habe, jetzt gehe ich heim, jetzt habe ich das überstanden und gehe heim."

Schwellensituation Befreiung Frühjahr 1945

ERINNERUNG

BEFREIUNGSFEIER

Bereits am 1. Mai 1945 organisieren ehemalige Häftlinge die erste Gedenk- und Befreiungsfeier im KZ Flossenbürg. Die Überlebenden haben sich in nationalen Häftlingskomitees zusammengeschlossen. Auf dem Appellplatz errichten sie eine Rednertribüne, die sie mit den Flaggen der Siegermächte und den Porträts der alliierten Staatschefs schmücken.

Gedenk- und Befreiungsfeier auf dem Appellplatz, Flossenbürg, 1. Mai 1945
KZ-Gedenkstätte Flossenbürg

ÜBERLEBENDE

Jack Terry, Überlebender des KZ Flossenbürg:
„Alle, die im Lager zurückgelassen worden waren und noch gehen konnten, standen vor diesem Rednerpult. Wir waren ein Haufen niedergeschlagener, trauriger Leute. Einige von uns waren auf der Krankenstation, einige lagen im Sterben. Wir sind nicht in die Luft gesprungen, wir haben nicht gefeiert oder gesungen – wenn ich mich recht erinnere. Wir standen da wie immer. Wir waren so daran gewöhnt, nicht fröhlich zu sein. Es war nicht wirklich ein freudiges Ereignis."

Gruppe tschechischer Überlebender bei der Gedenk- und Befreiungsfeier, Flossenbürg, 1. Mai 1945
KZ-Gedenkstätte Flossenbürg

Polnische Nationalflagge, Flossenbürg, April/Mai 1945
Aus einer Hakenkreuzfahne nähen Überlebende eine polnische Nationalflagge für die erste Gedenk- und Befreiungsfeier.
KZ-Gedenkstätte Flossenbürg

Das Begräbnis in Neunburg vorm Wald

An vielen Orten werden Opfer von Todesmärschen gefunden. Die US-Armee ordnet eine würdige Bestattung durch die Bevölkerung an. Am 29. April 1945 filmen US Signal Corps die Exhumierung und Bestattung von ermordeten Häftlingen in Neunburg vorm Wald.

National Archives, Washington D.C.

Schwellensituation Befreiung Frühjahr 1945

ORT

TOTENEHRUNG

Auf ihrem Vormarsch stoßen die alliierten Truppen überall auf Leichen von KZ-Häftlingen. General Eisenhower, Oberbefehlshaber der US-Streitkräfte, ordnet an, die Toten „an einer möglichst markanten Stelle" zu bestatten. Die US-Armee lässt mitten im Ort Flossenbürg einen KZ-Ehrenfriedhof anlegen. Am 3. Mai 1945 findet eine erste Beerdigung statt, an der auch die Bevölkerung des Ortes teilnehmen muss.

KZ-Ehrenfriedhof im Ort Flossenbürg, Mai/Juni 1945
KZ-Gedenkstätte Flossenbürg

ÜBERLEBENDE

ÜBERLEBEN

Die Befreier finden in Flossenbürg über 1.500 Häftlinge und zahlreiche Tote vor. US-Militärärzte leisten medizinische Hilfe und bringen die transportfähigen Kranken in provisorische Hospitäler. Dennoch sterben noch etliche Gefangene an den Folgen der Haft. Die Überlebenden versuchen zunächst, ihre Situation zu begreifen.

Ehemalige Häftlinge in den Krankenbaracken, Flossenbürg, April/Mai 1945
National Archives, Washington D.C.

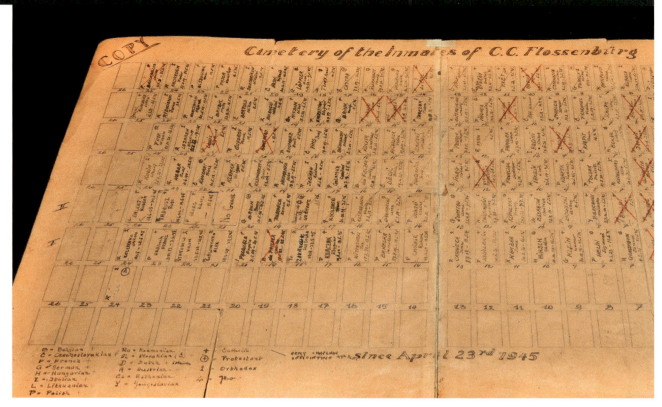

Gräberplan des KZ-Ehrenfriedhofs im Ort Flossenbürg, US Army, 1945
Innerhalb eines Monats werden auf dem Friedhof über 100 Tote bestattet, die nach der Befreiung an den Folgen der Lagerhaft gestorben sind.
KZ-Gedenkstätte Flossenbürg

Ehemalige Häftlinge in den Krankenbaracken, Flossenbürg, April/Mai 1945
National Archives, Washington D.C.

Porträt des tschechischen Häftlings Josef Hacmac, gemalt von seinem Mitgefangenen Vladimir Lakovič, Flossenbürg, 26. Mai 1945
Einige Häftlinge lassen sich nach ihrer Befreiung porträtieren. Die Bilder sind Ausdruck des Überlebens und ihrer wieder gewonnenen Identität.
KZ-Gedenkstätte Flossenbürg

Lieutenant Colonel Russell, Untersuchungskommission der US-Armee für Kriegsverbrechen, 24. April 1945:
„Der Gesundheitszustand der Gefangenen ist schlecht. Alle sind unterernährt. Es gibt 186 Fälle von Typhus, 98 von schwerer Tuberkulose, zwei von Diphtherie, zwei von Scharlach und einige Fälle von anderen übertragbaren Krankheiten. Das ganze Lager ist verlaust."

Überlebt

An vielen Orten werden Häftlinge aus dem KZ-Komplex Flossenbürg befreit. Einige haben Todesmärsche nur knapp überlebt, andere befinden sich noch in den Außenlagern. Befreier und Zivilisten dokumentieren das Leiden der Häftlinge, aber auch ihren Überlebenswillen.

Velešin, Mai 1945
Überlebende eines Todesmarsches
KZ-Gedenkstätte Flossenbürg

Wallern (Volary), Mai 1945
Überlebende eines Todesmarsches
National Archives, Washington D.C.

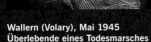

Zwodau (Svatava), Mai 1945
Überlebende des Außenlagers
KZ-Gedenkstätte Flossenbürg

Památník Terezín

Holleischen (Holýšov), Mai 1945
Überlebende des Außenlagers
Stadtarchiv Holýšov

Flossenbürg, Mai 1945
Überlebende des Hauptlagers
KZ-Gedenkstätte Flossenbürg

Privatbesitz

KZ-Gedenkstätte Flossenbürg

Nabburg, Mai 1945, US-Soldaten mit befreiten Jugendlichen, Überlebende eines Todesmarsches
Privatbesitz

SOMMER 1945–1950
ÜBERGANG UND NEUORDNUNG

Unmittelbar nach der Befreiung etablieren die Alliierten eine neue Ordnung. An vielen Orten werden KZ-Opfer würdevoll bestattet. Die Strafverfolgung der Täter beginnt. Polnische DPs im ehemaligen KZ Flossenbürg errichten eine erste Gedenkstätte. Während die Überlebenden der Lager das Ausmaß der erlittenen Verluste begreifen, fordert die deutsche Bevölkerung einen Schlussstrich unter die Vergangenheit.

Eingang des polnischen DP-Lagers Flossenbürg, 1947
Katolicki Uniwersytet Lubelski / Instytut Badań nad Polonią i Duszpasterstwem Polonijnym, Lublin

Übergang und Neuordnung Sommer 1945–1950

Diese Phase des Übergangs bestimmen zunächst die Alliierten. Bereits im Februar 1945 haben die UdSSR, die USA, Großbritannien und Frankreich beschlossen, das besiegte Deutschland in vier Besatzungszonen aufzuteilen. Das deutsche Volk soll von Nationalsozialisten gesäubert und demokratisiert werden. Doch schon bald wird die Allianz der Sieger brüchig. Die Interessenskonflikte zwischen der UdSSR und den USA verschärfen sich, das „Wettrüsten" beginnt, und die deutschen Interessen werden zum Spielball der Supermächte. Nach einem erbitterten Ringen um die Hauptstadt – während der Blockade Berlins durch die Sowjetunion versorgen die USA den Westteil ein Jahr lang über eine Luftbrücke – wird 1949 mit der Gründung zweier deutscher Staaten die Teilung besiegelt. Während Bundeskanzler Konrad Adenauer für die Bundesrepublik die Westbindung propagiert, entsteht im Osten mit der DDR ein „Arbeiter- und Bauernstaat" nach sowjetischem Vorbild.

Ein vorrangiges gemeinsames Ziel der Alliierten war die Verfolgung der Täter. Im Herbst 1945, unmittelbar nach Kriegsende, mussten sich Repräsentanten des NS-Regimes in Nürnberg vor einem internationalen Militärtribunal verantworten. Erstmals wurden vor der Weltöffentlichkeit Vertreter eines Landes wegen Kriegsverbrechen und Verbrechen gegen die Menschlichkeit angeklagt. Bis 1949 folgten 12 weitere Verfahren. Die „Nürnberger Prozesse" markierten den Beginn einer internationalen Völkerstrafgerichtsbarkeit, wie wir sie heute kennen.

In allen Besatzungszonen strengten die Siegermächte Ermittlungen und Prozesse an. Viele NS-Verbrecher hatten sich ihrer Verhaftung allerdings bereits in den letzten Kriegstagen durch Flucht entzogen. Der letzte Kommandant des KZ Flossenbürg, Max Koegel, versuchte mit Hilfe falscher Papiere unterzutauchen. Im Juni 1946 wurde er jedoch von der US-Armee gefasst. Zu einer Anklage kam es nicht, da sich Koegel im Untersuchungsgefängnis erhängte. Ab dem 12. Juni 1946 mussten sich 52 SS-Angehörige und Funktionshäftlinge des KZ Flossenbürg vor dem amerikanischen General Military Government Court in Dachau verantworten. Für die Beweisführung waren die Aussagen ehemaliger Häftlinge besonders wertvoll, wie auch das umfangreiche Material, das von US-amerikanischen Einheiten zusammengestellt wurde. 15 Angeklagte wurden zum Tode verurteilt und hingerichtet. Die meisten Beschuldigten erhielten Haftstrafen, die jedoch später abgemildert wurden. Zehn Jahre später war keiner der Verurteilten mehr in Haft.

AMNESTIE UND INTEGRATION

Die „Entnazifizierung", also die flächendeckende Überprüfung der Bevölkerung auf nationalsozialistische Gesinnung und Verstrickung in Verbrechen, vollzog sich in den einzelnen Besatzungszonen äußerst unterschiedlich. Schnell offenbarten sich die verschiedenen Auffassungen der Alliierten über die Demokratisierung der Deutschen. Die tatsächliche Auseinandersetzung mit den Verbrechen unterblieb. So wurden in Speziallagern der sowjetischen Geheimpolizei neben NS-Verbrechern auch Unschuldige und Gegner der neuen Ordnung eingesperrt. In den Westzonen hatte der Wiederaufbau von Behörden und Wirtschaft hingegen bald Vorrang vor der politischen Überprüfung. Nach der Gründung der beiden Staaten ging die Verantwortung für die Entnazifizierung in deutsche Hände über. In Ost wie West bemühte man sich alsbald um Amnestie und Integration von NS-Funktionären wie Mitläufern.

Ohnehin war die Mehrheit der Bevölkerung nicht bereit, sich Fragen nach Schuld und Verantwortung zu stellen. Zwar kamen nun immer mehr Einzelheiten über die Verbrechen der Nationalsozialisten ans Licht. Eugen Kogon etwa, ein Publizist und ehemaliger Buchenwald-Häftling, veröffentlichte 1946 das Buch „Der SS-Staat – das System der deutschen Konzentrationslager". Im selben Jahr thematisierte der erste deutsche Nachkriegsfilm „Die Mörder sind unter uns" die Schuld der Deutschen. Die Stimmen der NS-Gegner oder der aus dem Exil Zurückgekehrten fanden jedoch kaum Gehör. Sprachlosigkeit und Abwehr dominierten die Nachkriegsgesellschaft. Die Vertreibung der Deutschen aus den einstigen Ostgebieten, die zerstörten Großstädte und die deutschen Kriegsgefangenen beförderten ein Opfer-Selbstbild. Gängig war auch die Formel, dass Hitler und eine kleine Clique krimineller Helfer allein für den Krieg und die Verbrechen verantwortlich seien. Man müsse einen Schlussstrich unter die Vergangenheit ziehen – diese Haltung bestimmte bereits die ersten Nachkriegsjahre.

DIE ÜBERLEBENDEN DER KONZENTRATIONSLAGER

Ganz anders hingegen war die Ausgangslage für die Opfer der zwölfjährigen Diktatur. Die ehemaligen Häftlinge der Konzentrationslager standen vor dem Nichts. Sie waren mit dem Leben davongekommen, hatten jedoch ihre Gesundheit eingebüßt und häufig ihre ganze Familie verloren. Nach dem überstandenen Grauen brauchten die Überlebenden Monate, um sich körperlich und seelisch halbwegs zu erholen. Die wiedererlangte Freiheit gab nur wenig Anlass zur Euphorie. Diejenigen, die gleich in die Heimat zurückkehrten, waren dort mit grundlegenden Veränderungen konfrontiert. Für die meisten begann mit der Befreiung jedoch zunächst eine quälend lange Phase der Ungewissheit und des Übergangs. Viele fragten sich: Wo ist meine Familie? Habe ich überhaupt noch eine Heimat? Wohin soll ich gehen? Wie will ich weiterleben? Der erlebte Verlust bestimmte für die Überlebenden den Neuanfang. Als Displaced Persons, so genannte heimatlose Ausländer, mussten sie teilweise noch viele Jahre im Land der Täter zubringen, wo sie abermals in Barackenlagern untergebracht waren. Eine Gruppe minderjähriger jüdischer Häftlinge des KZ Flossenbürg fand ein vorübergehendes Zuhause im Kloster Indersdorf in Bayern. Mit Suchfotos hofften sie, etwaige überlebende Angehörige auf sich aufmerksam zu machen.

PRAGMATISCHE NACHNUTZUNG

In Flossenbürg bereiteten die US-Militärbehörden bereits wenige Wochen nach der Befreiung eine Weiterverwendung des Lagerbereichs vor. Von Juli 1945 an bestand für zehn Monate ein Kriegsgefangenenlager für SS-Männer. Sanitäranlagen, Heiz- und Schlafgelegenheiten wurden nachgerüstet, der Appellplatz zum Sportbereich umfunktioniert. Gebäude und Gelände wurden pragmatisch weitergenutzt, wie auch an anderen Lager- und KZ-Standorten in Deutschland.

Nach der Schließung des Kriegsgefangenenlagers errichtete die UNRRA (United Nations Relief and Rehabilitation Administration) ein Lager für Displaced Persons (DPs). Ab Ende April 1946 lebten dort katholische Polen, die während des Krieges zur Zwangsarbeit nach Österreich verschleppt worden waren. Auch wenn für die meisten das DP-Lager lediglich eine kurze Zwischenstation zur Rückkehr in die Heimat sein sollte, entstanden auf ihre Initiative Bildungsangebote, soziale Programme und bauliche Verbesserungen.

GEDENKANLAGE IM „TAL DES TODES"

Nichts erinnerte zu diesem Zeitpunkt an die Verbrechen, die im Lager geschehen waren. Der Ehrenfriedhof als einziges Erinnerungszeichen befand sich weitab vom ehemaligen Konzentrationslager und war von der US-Militärregierung initiiert worden. Weder die örtliche Gemeinde noch staatliche Stellen sahen die Notwendigkeit, ein sichtbares Zeichen des Gedenkens an das Konzentrationslager und die dort zu Tode gekommenen Menschen zu setzen. Als sich im Juni 1946 jedoch ein Denkmalskomitee gründete, war der Ort gezwungen, auf die Anfragen zu reagieren. Es waren die polnischen Displaced Persons, die als erste eine Gedenkanlage auf dem ehemaligen KZ-Gelände errichteten.

Geprägt durch ihre eigenen Erfahrungen mit der NS-Gewaltherrschaft suchten sie nach einer Form, um ihrer Trauer Ausdruck zu verleihen und der Toten zu gedenken. Bis Oktober 1946 wurde zunächst der Ehrenfriedhof in der Ortsmitte erweitert, unter anderem um einen fünf Meter hohen Granitkorpus. Für die Gedenkstätte beim ehemaligen Konzentrationslager wählte man christliche und nationale Symbole. Die Erinnerungslandschaft, die außerhalb des ehemaligen Häftlingsbereichs lag, war als sinnstiftender Erlösungsweg gestaltet: Ausgehend vom Lager-Krematorium im Tal führte er vorbei an einer Aschepyramide und symbolischen Grabplatten mit Opferzahlen einzelner Nationen und schließlich einen Hügel empor zur Kapelle „Jesus im Kerker". Diese hatten die DPs aus den Granitsteinen dreier abgerissener Wachtürme des Konzentrationslagers errichtet. Die am Pfingstsonntag des Jahres 1947 feierlich eingeweihte Anlage war eine der frühesten Gedenkstätten am Ort eines ehemaligen Konzentrationslagers.
Zwei Jahre später wurde die Kapelle mit einer Altargruppe ausgestaltet. Wilhelm Vierling aus Weiden entwarf die Holzschnitzerei. Ursprünglich hatte der Künstler ein Modell vorgesehen, das einen Häftling zeigt, der einem anderen Gefangenen die Hand reicht. In der realisierten Fassung wurde aus der helfenden Hand ein schlagender Arm. Warum der Künstler seinen Entwurf änderte, ist nicht bekannt. Doch die Figur des schlagenden Häftlings transportierte ein zeitgenössisch vorherrschendes Bild: Das Motiv der sich gegenseitig misshandelnden Häftlinge wies die Schuld am Terror des Konzentrationslagers den Opfern zu, die ohnehin Kriminelle gewesen seien. Die Frage nach der Täterschaft und den tatsächlich Verantwortlichen war dadurch völlig ausgeblendet.

Mit der Errichtung der ersten Gedenkstätte wurde in Flossenbürg eine weitreichende Entscheidung für die Neuordnung und zukünftige Nutzung des ehemaligen Lagers getroffen. Die Gemeinde musste als grenznaher Ort für hunderte sudetendeutsche Flüchtlinge Wohnraum zur Verfügung stellen. Dazu dienten auch Gebäude auf dem ehemaligen Lagergelände. Mit dem „Tal des Todes" war ein enthistorisierter Gedenkbereich markiert, der unter staatliche Obhut gestellt wurde. Die Relikte des früheren Konzentrationslagers konnten im Gegenzug als Verfügungsmasse zur weiteren Nutzung freigegeben werden.

Christa Schikorra

1945: Nürnberger Prozess gegen Hauptkriegsverbrecher
Ab November stellen die Alliierten 24 führende Repräsentanten des NS-Regimes vor Gericht, darunter Politiker und Militärs.

**Anklagebank bei den Nürnberger Prozessen
30. September 1946**
bpk

1945: Entnazifizierung
Nach Kriegsende ermitteln alle Besatzungsmächte gegen aktive Nationalsozialisten und Nutznießer des Systems. Die Überprüfung scheitert an Bürokratie und Willkür sowie am wachsenden Unwillen der Bevölkerung.

**Kriegsheimkehrer
um 1947**
DRK Suchdienst

1946: Wolfgang Staudte, Die Mörder sind unter uns
Der erste deutsche Spielfilm der Nachkriegszeit
behandelt die Frage nach der deutschen Schuld an
den NS-Verbrechen und den Umgang damit.

Konrad Adenauer im Schloss Petersberg
nach der Bildung der Bundesregierung
21. September 1949
bpk

1947: Gründung der VVN

Zwischen Rettung und neuem Leben

Viele befreite KZ-Häftlinge leben monatelang in Sammelunterkünften als heimatlose Ausländer, so genannte Displaced Persons (DPs).
1945 filmt die US-Armee in einem der DP-Lager.

USHMM/SSFVA, Washington D.C.

Nachfolgend gezeigte Personen sind Überlebende des KZ Flossenbürg. Nach der Befreiung leben sie vorübergehend als DPs in den westlichen Besatzungszonen Deutschlands.

**Chuna Grynbaum,
DP-Lager Zeilsheim**
USHMM, Washington D.C.

**Józef Tacikowski, nach Beinamputation,
Malteserhaus Amberg**
Privatbesitz

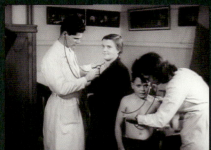
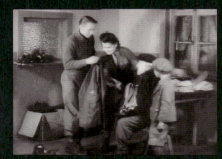

Usher Zelig Juskiewicz, Fußballmannschaft,
DP-Lager Zeilsheim
Privatbesitz

Leszek Żukowski, als Pfadfinder,
DP-Lager Wildflecken
Privatbesitz

David Arben, Orchester von KZ-Überlebenden,
Fürstenfeldbruck
Privatbesitz

Charles Dekeyser, im Dienst der Alliierten,
Bonn
Privatbesitz

ORT

PRAGMATISCHE NACHNUTZUNG

Die US-Militärbehörden nutzen Gebäude und Gelände des ehemaligen Konzentrationslagers pragmatisch weiter. Für einige Monate sind in den Baracken SS-Männer interniert. Nach Auflösung dieses Kriegsgefangenenlagers dient das KZ-Gelände zivilen Zwecken. Die Flüchtlingsverwaltung der Vereinten Nationen (UNRRA) quartiert in den früheren KZ-Bauten Displaced Persons (DPs) ein, so genannte heimatlose Ausländer.

Kriegsgefangenenlager Flossenbürg

Von Juli 1945 bis April 1946 durchlaufen mehrere tausend SS-Angehörige das Kriegsgefangenenlager Flossenbürg. Die meisten sind als Soldaten der Waffen-SS in Nordbayern und Böhmen in amerikanische Gefangenschaft geraten. In der 'Prisoner of War Enclosure 422' wird überprüft, ob sie an Kriegsverbrechen beteiligt waren.

Bilderrahmen, gefertigt von einem unbekannten SS-Mann zur Erinnerung an seine Kriegsgefangenschaft in Flossenbürg, 1946
KZ-Gedenkstätte Flossenbürg

ÜBERLEBENDE

DIE SUCHE NACH ANGEHÖRIGEN

Die folgenden Aufnahmen entstehen im DP-Lager Indersdorf und dienen der Suche nach Angehörigen. Alle Jugendlichen waren Häftlinge des KZ Flossenbürg.

TÄTER

VERFOLGUNG DER TÄTER

Nach Kriegsende entziehen sich viele Täter der drohenden Strafe durch Flucht, manche auch durch Selbstmord. In Dachau klagt ein amerikanisches Militärgericht 52 SS-Angehörige und Funktionshäftlinge des KZ Flossenbürg an. Das aufwendige Verfahren stützt sich auf Aussagen ehemaliger Häftlinge und auf umfangreiches Belastungsmaterial.

Ankunft der ersten SS-Männer im Kriegsgefangenenlager Flossenbürg, Juli 1945
KZ-Gedenkstätte Flossenbürg

Jakob Hecht **Martin Hecht** **Sacher Israeler** **Moszek Sztajnkeler**

MoJH, New York / USHMM, Washington D.C. / KZ-Gedenkstätte Flossenbürg

Gefälschter Ausweis von Max Koegel, ohne Datum
Der letzte Kommandant des KZ Flossenbürg, Max Koegel, taucht bei der Auflösung des Lagers unter. Er wird jedoch am 26. Juni 1946 von amerikanischen Soldaten gefasst. Am Tag danach erhängt er sich im Untersuchungsgefängnis.
National Archives, Washington D.C.

Übergang und Neuordnung   Sommer 1945–1950

ORT

Polnisches DP-Lager Flossenbürg

Im April 1946 richtet die UNRRA auf dem ehemaligen KZ-Gelände ein DP-Lager ein. Die 2.100 polnischen Displaced Persons sind ehemalige Zwangsarbeiter, Kriegsgefangene und KZ-Häftlinge, die in Österreich befreit wurden. Das DP-Lager Flossenbürg soll für sie nur eine Durchgangsstation bei der Rückkehr nach Polen sein. Die letzten DPs verlassen Flossenbürg im Oktober 1947.

ERINNERUNG

„TAL DES TODES"

Unmittelbar nach ihrer Ankunft in Flossenbürg gründen polnische Bewohner des DP-Lagers 1946 ein Komitee für die Errichtung einer Gedenkstätte. Das Komitee gestaltet eine Erinnerungslandschaft, die einem Kreuzweg gleicht. Das zentrale Element der Gedenkanlage ist eine neu errichtete Kapelle. Sie thront über dem „Tal des Todes" und verleiht der Erinnerungslandschaft eine christliche Symbolik.

Ehemaliges Krematorium, Erschießungsplatz und Aschegräber
Entwurf der Gedenkanlage, Juli 1946
KZ-Gedenkstätte Flossenbürg

ÜBERLEBENDE

Erwin Farkosz

Alfred Buchführer

Jakob Bulwa

Lipot Farkosz

TÄTER

Dokumentation über das KZ Flossenbürg, 3. US Army, 1945
Amerikanische Untersuchungskommissionen haben in Flossenbürg bereits kurz nach der Befreiung SS-Dokumente gesichert und ausgewertet. Diese vier Bände sind ein zentrales Beweismittel im Dachauer Flossenbürg-Prozess.
National Archives, Washington D.C.

links: Chronik der polnischen Seelsorge im Dekanat Regensburg, 1945–1948

rechts: Polnische DPs vor einer ehemaligen Häftlingsbaracke, die nun als Kapelle, Schule und Aufenthaltsraum dient, Flossenbürg 1947
Katolicki Uniwersytet Lubelski / Instytut Badań nad Polonią i Duszpasterstwem Polonijnym, Lublin

Berek Feldbaum

Manfred Hajmann

Imre Hitter

Samuel Junger

Deutsche Wochenschau GmbH, Hamburg

Die Deutsche Wochenschau berichtet am 28. August 1946 über den Beginn des Flossenbürg-Prozesses. Neben sachlichen Informationen findet sich darin auch das verzerrte Bild von Flossenbürg als Lager für Berufsverbrecher:

„In dem Gerichtsgebäude des ehemaligen KZ-Lagers Dachau verantworten sich zurzeit 52 SS-Wachen und Kapos vor einem amerikanischen Militärgericht wegen Mord, Misshandlung, Aushungerung und Folterung der Gefangenen des früheren KZ-Lagers Flossenbürg. Das Lager Flossenbürg, dicht an der tschechischen Grenze gelegen, war früher Arbeitslager für Berufsverbrecher. Seit Beginn des Jahres 1941 wurden in dieses Lager und in die 48 angegliederten Arbeitslager auch politische Häftlinge jeder Nationalität eingeliefert. Über 25.000 wurden dort durch Hinrichtungen, Misshandlungen und Aushungern getötet."

Übergang und Neuordnung Sommer 1945–1950

ORT

DER EHRENFRIEDHOF IM ORT FLOSSENBÜRG

Nach der Befreiung des Lagers sterben noch viele Gefangene an den Folgen der Haft. Die amerikanische Militärregierung lässt diese KZ-Opfer in der Ortsmitte bestatten.
1946 gestaltet ein Denkmalkomitee die Gräber zum Ehrenfriedhof um. Dieser ist das erste Denkmal für die Opfer des KZ Flossenbürg.

Gräber von KZ-Häftlingen in der Ortsmitte, Mai 1946
Entwurf für einen Ehrenfriedhof, Juni 1946
Ehrenfriedhof, November 1946
KZ-Gedenkstätte Flossenbürg

ERINNERUNG

Entwurf der Kapelle, August 1946
Einweihung der Gedenkanlage, 25. Mai 1947
KZ-Gedenkstätte Flossenbürg

ÜBERLEBENDE

Hil Kadyziewicz **Fischer Kampel** **Kurt Klappholz** **Ernö Klein**

TÄTER

Der ehemalige Häftlingsschreiber Miloš Kučera erläutert die Arbeit in der Lagerverwaltung, Dachau 1946
National Archives, Washington D.C.

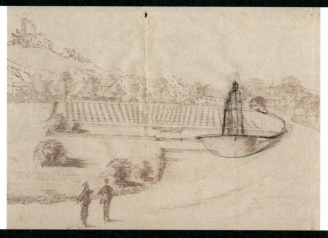

Sandor Klein   Miklos Roth   Naftali Sztajnberg   Israel Benedikt

Der ehemalige Häftlingspfleger im Krankenrevier Carl Schrade identifiziert angeklagte SS-Männer, Dachau 1946
Association de Flossenbürg, Paris

Übergang und Neuordnung   Sommer 1945–1950

ERINNERUNG

CHRISTLICHE SINNSTIFTUNG

Ab Oktober 1947 sind bayerische Behörden für die Gedenkstätte zuständig. Sie behalten den christlichen Charakter der Anlage bei, beseitigen aber gezielt Spuren des Konzentrationslagers.

Die neu erbaute Kapelle „Jesus im Kerker" wird 1949 um eine Altargruppe ergänzt.

Wilhelm Vierling: Gipsmodell eines Teils der Kreuzigungsgruppe für die Kapelle „Jesus im Kerker", um 1948
Der Entwurf zeigt einen helfenden Häftling. In der Ausführung nimmt der Weidener Bildhauer dann allerdings eine wesentliche Veränderung vor: Die Figur wird zum Schlagenden.
Leihgabe Stadtarchiv Weiden

Die geschnitzte Kreuzigungsgruppe von Wilhelm Vierling nach der Fertigstellung, Weiden 1949
Die Altargruppe wird erst 1949 in der Kapelle angebracht. In der Darstellung drückt sich eine zeittypische Sicht auf das KZ Flossenbürg aus: Die Häftlinge seien Kriminelle gewesen und hätten sich gegenseitig misshandelt.
Bayerisches Hauptstaatsarchiv, München

ÜBERLEBENDE

Mordka Topel

Lazar Kleinman

VERLUST
Den Überlebenden der nationalsozialistischen Verfolgung wird auf schmerzvolle Weise klar, was ihnen widerfahren ist. Vor allem jüdische Menschen haben die Ermordung ihrer Familien, den Verlust ihrer Heimat und ihres ganzen vorherigen Lebens zu beklagen.

Die Familie Kleinmann, Ombud/Rumänien, um 1936. Vorne von links: Lazar, Olga, Hermann. Mitte von links: Gitta und Irena. Hinten von links: Mutter Rachel mit Tochter Sarah und Vater Mordechei
Von der Familie Kleinmann überlebt nur Lazar die nationalsozialistische Verfolgung. Seine Eltern und alle sieben Geschwister, die kleinsten sind noch nicht auf dem Foto, werden ermordet. Die älteste Schwester Gitta stirbt kurz nach der Befreiung an den Folgen der KZ-Haft.
Privatbesitz

Das Foto ist eines der wenigen Erinnerungsstücke von Lazar Kleinmann, der heute als Leslie Kleinman in Großbritannien lebt.
„Es war – glaube ich – 1948, da habe ich es gefunden. Mein Vater hatte eine Kusine in New York. Davon habe ich nichts gewusst. Da hat sie mir die Bilder geschickt. – Das ist meine Familie und ich bin der einzige, der noch lebt. Die anderen waren in Auschwitz, vergast. Für mich ist das Foto sehr wichtig. Ich weine oft, wenn ich darauf meine Brüder sehe. Ich gucke auf meine Mutter: Was für eine schöne Frau sie war! Es gibt ein Lied, ein jiddisches Lied: Meine jiddische Mamme (singt das Lied) – wenn ich das Lied höre, weine ich immer."

Der Dachauer Flossenbürg-Prozess

Im früheren KZ Dachau führt ein amerikanisches Militärgericht mehrere Prozesse. Angeklagt sind SS-Angehörige und Funktionshäftlinge einiger Konzentrationslager.

Wochenschau-Bericht vom 28. August 1946
Deutsche Wochenschau GmbH, Hamburg

52 SS-Angehörige und Funktionshäftlinge des KZ Flossenbürg sind angeklagt.

Die ehemalige polnische Gefangene Genowefa Cyranowska im Zeugenstand.

Das Gericht verurteilt 15 Angeklagte zum Tod, elf zu lebenslanger Haft und 14 zu Haftstrafen. Viele Urteile werden später abgemildert.

William D. Denson, Chef-Ankläger

Der Flossenbürg-Prozess dauert von Juni 1946 bis Januar 1947.

Die Zeugin identifiziert Wachpersonal des Flossenbürger Außenlagers Wolkenburg.

Wilhelm Brusch, Lagerführer in Wolkenburg

Josef Becker, SS-Wachmann im Lager Wolkenburg

1950–1958
SCHLUSSSTRICH UND INTEGRATION

Das erste Nachkriegsjahrzehnt in Deutschland ist bestimmt durch die Verdrängung der jüngeren Geschichte zu Gunsten der Integration von Personen mit NS-Vergangenheit. Ehemalige Häftlinge versuchen ihren persönlichen Neuanfang in der alten Heimat oder andernorts. Die Erinnerung an die KZ-Opfer erschöpft sich in würdig gestalteten Friedhofsanlagen. Damit ist der Weg frei zur vielfältigen Nachnutzung früherer KZ-Anlagen.

Neu gestalteter Friedhof für KZ-Opfer in Luhe, 5. November 1950
Der verdeckte Text auf dem Gedenkstein lautet: „Selig sind, die Verfolgung leiden um der Gerechtigkeit willen."
KZ-Gedenkstätte Flossenbürg

Schlussstrich und Integration 1950–1958

In den 1950er Jahren erfolgt die Einbindung beider deutscher Staaten in zwei feindliche Machtblöcke. Mit Beginn des Korea-Krieges und im Zuge des sich verschärfenden Ost-West-Konflikts wird seitens der Alliierten, vor allem der USA, ein westdeutscher Wehrbeitrag erwogen. Obwohl die Wiederbewaffnung innenpolitisch stark umstritten ist, tritt die Bundesrepublik 1955 der NATO bei, die DDR schließt sich dem Warschauer Pakt an. Damit stehen sich zehn Jahre nach Kriegsende zwei deutsche Armeen am Eisernen Vorhang gegenüber.
Die Staatsführung der DDR propagiert den Aufbau des Sozialismus nach sowjetischem Vorbild, was in eine wirtschaftliche und politische Krise führt. Der Unmut der Bevölkerung mündet 1953 in einen Volksaufstand. Zudem verlassen jährlich Tausende das Land. Der jungen Bundesrepublik hingegen verleihen das „Wirtschaftswunder" und der Sieg im Finale der Fußball-Weltmeisterschaft 1954 neues nationales Selbstbewusstsein.

Die Auseinandersetzung mit der NS-Vergangenheit beschäftigte beide deutsche Staaten in sehr unterschiedlicher Weise. Der antifaschistische Widerstand gegen das NS-Regime zählt zu den zentralen Gründungsmythen der DDR. Die ab 1958 eingeweihten Nationalen Mahn- und Gedenkstätten Buchenwald, Ravensbrück und Sachsenhausen sollten diesen Widerstand glorifizieren. In der Bundesrepublik hingegen waren die 1950er Jahre vergangenheitspolitisch ein Jahrzehnt des Verdrängens. Die gesellschaftliche Schlussstrich-Mentalität drängte die erste Adenauer-Regierung zur schnellen Beendigung der Entnazifizierung. Mit den Straffreiheitsgesetzen von 1949 und 1954 wurden kleinere NS-Täter amnestiert; viele Verbrechen blieben ungesühnt. Das 1951 verabschiedete Gesetz zum Artikel 131 des Grundgesetzes förderte die personelle Kontinuität ehemaliger NS-Eliten auf allen Ebenen der Verwaltung, vor allem in der Justiz. Ab 1952 waren nur noch deutsche Behörden für die Verfolgung mutmaßlicher nationalsozialistischer Straftäter zuständig. In der Folge ließ die Bereitschaft zur Verfolgung von NS-Taten drastisch nach. Die Zahl der eingeleiteten Ermittlungsverfahren und Verurteilungen gegen mutmaßliche NS-Täter sank bis Mitte der 1950er Jahre auf ein Rekordtief. Zugleich stieß das vorherige juristische Vorgehen der Alliierten auf gesellschaftliche Ablehnung.

BEGNADIGUNG ODER BESTRAFUNG

Zum Symbol der angeblichen „Siegerjustiz" avancierte das sogenannte Kriegsverbrechergefängnis in Landsberg. Hier waren auch die im Dachauer Flossenbürg-Prozess Verurteilten inhaftiert. Auf einer Großdemonstration Anfang 1951 in Landsberg forderten Politiker verschiedener Parteien von den Amerikanern die Freilassung der Inhaftierten und die Begnadigung der Todeskandidaten sowie einen Schlussstrich unter die juristische Aufarbeitung der NS-Vergangenheit. Der massive öffentliche Druck führte vielfach zur Überprüfung und Abmilderung der Urteile. 1958 verließ der letzte von einem alliierten Gericht Verurteilte Landsberg.

Während sich die Mehrheit der Bundesdeutschen für die Begnadigung von NS-Tätern aussprach, waren es hauptsächlich ehemalige KZ-Häftlinge, die sich für eine strafrechtliche Verfolgung einsetzten. Eine von ihnen war die Ravensbrück-Überlebende Erika Buchmann. Sie erstellte Dokumentationen über ehemalige SS-Aufseherinnen, die als Belastungsmaterial vor Gericht dienen sollten. In ihren Unterlagen befand sich auch Material über 41 Frauen, die in Flossenbürger Außenlagern eingesetzt waren. Nach vorübergehender Internierung wurden die meisten von ihnen bis 1948 aus der Untersuchungshaft entlassen.

NEUBEWERTUNG DES 20. JULI 1944

Anfang der 1950er Jahre war das Attentat vom 20. Juli in weiten Teilen der Bevölkerung noch höchst umstritten. Die Widerständler galten vielen als Landesverräter. Auch die bundesdeutsche Justiz war sich in der Bewertung des Attentats und seiner rechtlichen Konsequenzen uneinig. Der Braunschweiger Staatsanwalt Fritz Bauer, selbst ein NS-Verfolgter, strengte als erster ein Verfahren gegen die Herabwürdigung der Angehörigen des 20. Juli durch den ehemaligen Wehrmachtmajor Otto Ernst Remer an. Dieser hatte auf einer Wahlkampfveranstaltung die Verschwörer des 20. Juli als Verräter verleumdet. Der aufsehenerregende Prozess endete 1952 mit der Verurteilung Remers wegen „Verunglimpfung des Andenkens Verstorbener".

Ähnliche öffentliche Beachtung fanden die Prozesse gegen Walter Huppenkothen und Otto Thorbeck. Als SS-Juristen hatten beide im April 1945 den Vorsitz im Standgerichtsverfahren gegen Wilhelm Canaris, Dietrich Bonhoeffer und andere Angehörigen des 20. Juli geführt, das mit deren Ermordung im KZ Flossenbürg endete. In drei Prozessen zwischen 1951 und 1955 wurde gegen Huppenkothen und Thorbeck wegen Beihilfe zum Mord verhandelt. In der abschließenden Revisionsentscheidung stellte der Bundesgerichtshof 1956 fest, dass sie rechtmäßig gehandelt hätten. Thorbeck wurde vom Vorwurf der Mordbeihilfe freigesprochen und Huppenkothens Strafe verringert. Anders als im Prozess gegen den früheren Wehrmachtsoffizier Remer wurden die Beteiligten des 20. Juli abermals in die Nähe von Rechtsbrechern gerückt. Dennoch gelten die 1950er Jahre als entscheidender Wendepunkt einer allmählich positiveren Bewertung des 20. Juli. Ein Jahr nach dem Urteil im Remer-Prozess enthüllte der Regierende Bürgermeister West-Berlins, Ernst Reuter, 1953 im Innenhof des Bendlerblocks ein Ehrenmal für die Widerstandskämpfer des 20. Juli. Im Jahr 1955 wurde der Spielfilm „Canaris" zum Kassenschlager in den Kinos und der weißhaarige Admiral zum Entlastungszeugen einer ganzen Generation. Canaris wird darin als Vertreter einer Armee dargestellt, die sich dem Vaterland verpflichtet fühlt und ebenso wie das deutsche Volk von einem verbrecherischen und menschenverachtenden Regime verführt wurde.

In Flossenbürg, dem Hinrichtungsort von Wilhelm Canaris und Dietrich Bonhoeffer, fand die Neubewertung des 20. Juli weiterhin kaum sichtbaren Ausdruck. Lediglich in der evangelischen Ortskirche konnten Freunde Bonhoeffers 1953 eine Gedenktafel für den evangelischen Theologen anbringen. Aufgrund innerkirchlicher Kontroversen hatte die Inschrift der Tafel letztendlich keinerlei Bezug zum Konzentrationslager und zu den Todesumständen Dietrich Bonhoeffers.

NEUANFÄNGE

Die Überlebenden der Konzentrationslager hatten in den ersten Jahren nach ihrer Befreiung ganz andere Hindernisse zu bewältigen. Ihrer gesellschaftlichen Reintegration standen immense psychische, soziale und praktische Probleme entgegen. Die Bereitschaft vieler Polen zur Rückkehr wurde durch die mittlerweile kommunistische Herrschaft in ihrem Land gebremst. Vor allem aber für die jüdischen Überlebenden, meist aller Familienangehörigen und der Heimat beraubt, war die Rückkehr nach Osteuropa aufgrund des dort herrschenden Antisemitismus und der völligen Zerstörung der jüdischen Gemeinden unmöglich. Viele sehnten sich nach einem Neuanfang in der Emigration, obwohl dies für sie den Sprung in eine unbekannte Umgebung, in eine oft völlig fremde Kultur bedeutete.

Am Ort Flossenbürg wiederum begannen sofort nach Auflösung des DP-Lagers im Oktober 1947 Auseinandersetzungen um die Aneignung des Lagergeländes. Dabei ging es keinem der Interessenten um die memoriale Konservierung des Geländes oder um die Erinnerung an die Opfer des Konzentrationslagers, sondern um eine pragmatische Weiternutzung der Liegenschaften für eigene Zwecke. Das neugegründete Gewerkschaftsunternehmen Oberpfälzer Steinindustrie pachtete bereits 1947 den ehemaligen KZ-Steinbruch. Die staatliche Liegenschaftsverwaltung überließ der Holzwarenfabrik Anton Engel & Co. den zentralen Häftlingsbereich mit dem Appellplatz. Die verbliebenen Steingebäude des ehemaligen Lagergeländes wurden für Wohnzwecke verwendet. Die staatliche Flüchtlingsverwaltung, der Landrat aber auch das Gewerkschaftsunternehmen siedelten in Flossenbürg gezielt Flüchtlinge und Vertriebene aus Schlesien und Böhmen an. Bereits zu Beginn der 1950er Jahre wurde auch die Forderung erhoben, das ehemalige KZ-Areal zu besiedeln. Vor allem die Gemeinde Flossenbürg machte sich für die Bebauung des früheren Lagergeländes stark. Sie beanspruchte das Gebiet als Kompensation für den erlittenen „moralischen Schaden", der ihr durch die Errichtung des Konzentrationslagers entstanden sei.

FRIEDHOFSRUHE

Die 1950er Jahre brachten aber auch eine Erweiterung der bestehenden Gedenkstätte mit sich. Auslöser hierfür war ein Skandal im Zusammenhang mit dem unwürdigen Zustand vieler KZ-Gräber in Bayern, der international Wellen schlug. Als Konsequenz aus dem sogenannten Leitenberg-Skandal ließ das bayerische Landesentschädigungsamt 1950 zahlreiche der über das Land verstreuten KZ-Grabstellen neu gestalten, auch den Ehrenfriedhof im Ort Flossenbürg. Vor allem französische und belgische Stellen begannen, selbständig KZ-Grabstellen zu öffnen, die eigenen KZ-Toten zu identifizieren und in die Heimat zu überführen. Dies nahm die bayerische Regierung zum Anlass, kleinere Grabstellen völlig aufzulösen und die exhumierten sterblichen Überreste in zentrale KZ-Friedhöfe zu überführen. So entstand ab 1957 auf dem Gelände des ehemaligen Quarantänelagers des KZ Flossenbürg ein Ehrenfriedhof für umgebettete Tote der Außenlager und Todesmärsche. Für die Anlage dieses Friedhofes beseitigte die zuständige Bayerische Schlösserverwaltung gezielt Originalgebäude des ehemaligen Lagers und zerstörte die wenigen noch sichtbaren historischen Raumbezüge. Der neue Ehrenfriedhof sollte durch seine parkähnliche Gestaltung die „Erinnerung an das Gewesene mildern", so der offizielle Auftrag. Informationen zum historischen Ort fehlten gänzlich. Die bestehende Gedenkanlage bildete das Alibi für die Nutzung des restlichen Lagergeländes. Damit war Ende der 1950er Jahre das ehemalige Lagergelände faktisch in ein park- und friedhofsartiges Gedenkstättengelände, eine Wohnsiedlung und ein gewerblich genutztes Areal aufgeteilt.

Anja Fritz

Berufsbeamten in der Bundesrepublik
Das Gesetz ermöglicht ehemaligen Mitgliedern des NS-Beamtenapparates den Wiedereintritt in den Staatsdienst. Viele von ihnen machen Karriere in Politik, Justiz und Verwaltung.

1950

Deutschland gewinnt die Fußball-WM
Bern, 4. Juli 1954
picture alliance / dpa

Volksaufstand vom 17. Juni 1953
Berlin (DDR)
Associated Press

1950: „Das Tagebuch der Anne Frank"
Der Vater von Anne Frank veröffentlicht das Tagebuch des deutsch-jüdischen Mädchens, dessen Familie sich bis zur Deportation in Amsterdam versteckte.

1955

1958: Gründung der „Aktion Sühnezeichen"
Evangelische Christen gründen diese Organisation als gesamtdeutsches Projekt. Freiwillige engagieren sich in den ehemals von Deutschland besetzten Ländern.

Einweihung der Nationalen Mahn- und Gedenkstätte Buchenwald
14. September 1958
Gedenkstätte Buchenwald

1959/60: Antisemitische Schändungen in der Bundesrepublik
An Weihnachten 1959 wird die Kölner Synagoge mit Hakenkreuzen und Parolen beschmiert. In der Folge finden bundesweit fast 500 ähnliche Vorfälle statt.

Bundeswirtschaftsminister Ludwig Erhard
28. Januar 1957
Bundesarchiv, Foto: Doris Adrian

Neuanfang

Neuanfang bedeutet für viele KZ-Überlebende zunächst Rückkehr. In der Heimat bauen sie sich allmählich ein neues Leben auf.

Celina Goździkowska
Abfahrt von Weiden nach Polen, 1945
Privatbesitz

František Sivera
Rückkehr ins tschechische Tábor, 1945
Privatbesitz

Roger Becker
Begrüßung durch die Familie, Belgien 1945
Privatbesitz

Mira Bedenk-Bajc
Als Schauspielschülerin, Jugoslawien 1947
Privatbesitz

Vor allem jüdische Überlebende müssen den Verlust von Heimat und Familie verkraften. Viele von ihnen verlassen Europa für immer und emigrieren nach Übersee. Dort wagen sie einen Neuanfang.

Ankunft europäischer Emigranten in New York, 1946
USHMM / SSFVA, Washington D.C.

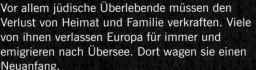

Marek und Aaron Ajke
Auf dem Weg nach Bolivien, Paris 1946
Privatbesitz

Wolf Witelson
Auf einem Ausbildungsschiff, England 1947
Privatbesitz

Armand Utz
Auf dem Weg nach Hause, Paris 1945
Privatbesitz

Marcel Durnez
Drei Monate nach der Heimkehr, Belgien 1945
Privatbesitz

Armand Verstraete
Im Kreis der Familie, Belgien 1945
Privatbesitz

Kazimierz Frączak
Als Student, Polen 1947
Privatbesitz

Julien Van Den Driessche
Mit Frau und Tochter, Belgien 1950
Privatbesitz

Galina Kastrizkaja
Bei ihrer Hochzeit, Sowjetunion 1952
Privatbesitz

Alexander H. Laks
Überfahrt in die USA, 1947
Privatbesitz

Steve Israeler
Mit seinen einzigen Verwandten, vor der Emigration nach Kanada, um 1947
Privatbesitz

David Arben
Abschluss des Musikstudiums, USA 1954
Privatbesitz

Alexander H. Laks
Als Kürschner, USA 1948
Privatbesitz

Die Toten sind geblieben

Die Befreier fanden tausende Leichen vor. Die amerikanische Militärregierung ließ die Toten würdevoll bestatten.

Nammering, Mai 1945
USHMM, Washington D.C.

Pleystein, um 1948
KZ-Gedenkstätte Flossenbürg

Anfang der 1950er Jahre gestaltet die bayerische Staatsregierung die oft vernachlässigten KZ-Friedhöfe neu. Die meisten Gedenksteine enthalten unspezifische Formeln des Gedenkens und der Versöhnung.

Neutraubling
Bayerische Schlösserverwaltung, München

Mallersdorf
Bayerische Schlösserverwaltung, München

Cham
Bayerische Schlösserverwaltung, München

Rettenbach
KZ-Gedenkstätte Flossenbürg

Regensburg
KZ-Gedenkstätte Flossenbürg

Wetterfeld 1950
KZ-Gedenkstätte Flossenbürg

Nürnberg 1950
Bayerische Schlösserverwaltung, München

Neunburg vorm Wald
Bayerische Schlösserverwaltung, München

Neumarkt St. Veit
KZ-Gedenkstätte Flossenbürg

Schupf
Association de Flossenbürg, Paris

Renholding
KZ-Gedenkstätte Flossenbürg

Plattling
Bayerische Schlösserverwaltung, München

Schlussstrich und Integration 1950–1958

TÄTER

BESTRAFUNG ODER BEGNADIGUNG

Das Vorgehen der Alliierten gegen NS-Täter stößt in der deutschen Bevölkerung auf Widerstand. Als Symbol der angeblichen „Siegerjustiz" gilt das Kriegsverbrecher-Gefängnis in Landsberg. Hier sind auch die Verurteilten des Flossenbürg-Prozesses inhaftiert. Nach Gründung der Bundesrepublik sorgen Justiz und Politik dafür, dass Kriegsverbrecher massenhaft begnadigt werden. Viele können sich rasch wieder in die Gesellschaft integrieren. Als Einzige setzen sich ehemalige KZ-Häftlinge und ihre Organisationen kontinuierlich für die Bestrafung der Täter ein.

Fotos ehemaliger SS-Aufseherinnen, zusammengestellt von Erika Buchmann, 1947
Hervorgehoben sind Aufseherinnen, die in Außenlagern des KZ Flossenbürg eingesetzt waren. Erika Buchmann, ehemalige Gefangene im KZ Ravensbrück, identifiziert im Internierungslager Ludwigsburg SS-Aufseherinnen. Sie stellt Fotos der Frauen und Angaben zu deren Dienstlaufbahn zusammen. Das Ravensbrück-Komitee in Ost-Berlin nutzt diese Informationen zur weiteren Fahndung.
Mahn- und Gedenkstätte Ravensbrück

rechts: Blatt aus einer Fotodokumentation zur Protestkundgebung in Landsberg, 7. Januar 1951
Im Januar 1951 findet in Landsberg eine viel beachtete Kundgebung gegen die Hinrichtung von 28 Kriegsverbrechern statt. Prominente Redner fordern die Umwandlung der Todesurteile in Haftstrafen. Nach der Kundgebung werden nur noch wenige Urteile vollstreckt.
Stadtarchiv Landsberg

Protestkundgebung
gegen die Unmenschlichkeit am Sonntag, den **7.1.51** vorm 1...

Oberbürgermeister Thoma

Bundestagsabgeordneter Dr Jaeger

Stadtrat Dr. Seelos

Schlussstrich und Integration 1950–1958

ORT

GEZIELTE ANEIGNUNG

1947 übergibt die amerikanische Militärverwaltung das ehemalige KZ-Gelände an die bayerischen Behörden. Sofort melden sich zahlreiche Interessenten für die Immobilie. Der Landrat quartiert deutsche Vertriebene in einzelne Baracken und Gebäude ein. Ein Gewerkschaftsunternehmen pachtet den früheren KZ-Steinbruch. In der ehemaligen Lagerwäscherei nimmt eine Spielzeugfabrik den Betrieb auf.

Flüchtlingswohnungen und Gewerbebetrieb
auf dem früheren KZ-Gelände, Flossenbürg 1956
KZ-Gedenkstätte Flossenbürg

ÜBERLEBENDE

NEUANFANG

Bald nach der Befreiung kehren die ersten KZ-Überlebenden in ihre Heimatländer zurück. Einige bleiben freiwillig oder notgedrungen zunächst in Deutschland. In den Westzonen leben sie meist als Displaced Persons (DPs) in Sammelunterkünften. Trotz der provisorischen Umstände entwickelt sich hier ein reiches gesellschaftliches Leben mit eigenem Presse-, Vereins- und Schulwesen. Die langwierige Entscheidung über Emigration, Rückkehr oder Ansiedlung verzögert den persönlichen Neuanfang vieler KZ-Überlebender.

**Henryk Lepucki, Dzieje Polski przedrozbiorowej w skrócie
(Kurze Geschichte Polens vor den Teilungen), Nürnberg 1946**
Dieses Geschichtsbuch benutzt der ehemalige Flossenbürg-Häftling
Józef Tacikowski 1946 in der polnischen Schule in Regensburg.
Das Buch soll die nationale Identität der Polen fördern.
KZ-Gedenkstätte Flossenbürg

*Der ungarische Jude Imre Hitter überlebt das KZ Flossenbürg.
1945 emigriert er nach Großbritannien.*
„Wir sind in England angekommen. Für mich war es sehr schwer, weil ich kein
Englisch konnte und ich habe niemanden in England gekannt, ich war ganz allein.
Ich musste natürlich alles neu beginnen, ein neues Leben. (...) Da war ein Komitee,
das hat für uns gesorgt. Und sie haben so Hostels gestiftet. Und ich bin auch
in ein Hostel gekommen mit 30 Jugendlichen. Wir haben in London gelebt.
Es war sehr schwierig. Aber man musste natürlich – man musste überleben."

Schlussstrich und Integration 1950–1958

ORT

Firmenschild Anton Engel & Co., um 1950
Die Firma Anton Engel & Co. pachtet 1950 die Gebäude um den ehemaligen Appellplatz. In der früheren Lagerwäscherei und der Häftlingsküche produziert sie Holzspielzeug.
KZ-Gedenkstätte Flossenbürg

ERINNERUNG

FRIEDHOFSRUHE

Anfang der 1950er Jahre sind die Gräber der KZ-Opfer über ganz Deutschland verstreut. Die Vernachlässigung vieler Friedhöfe führt zu internationalen Protesten. Frankreich und Belgien wollen ihre Toten identifizieren und in die Heimat überführen. In Bayern werden die meisten kleinen Grabstätten aufgelöst. Die Schlösserverwaltung legt 1957 in Dachau und Flossenbürg Sammelfriedhöfe an.

ÜBERLEBENDE

Steinkarre mit Rädern eines Jagdflugzeugs Me 109, um 1948
Die gewerkschaftseigene Oberpfälzer Steinindustrie (OSTI)
betreibt ab Sommer 1947 den ehemaligen KZ-Steinbruch.
Dabei werden auch die Hinterlassenschaften der
Firma Messerschmitt pragmatisch weiter verwendet.
Leihgabe Burg- und Steinhauermuseum Flossenbürg

**links: Belgischer Suchdienst, Untersuchungsbericht
zu den Exhumierungen auf dem Friedhof Wallersdorf,
Band 1, um 1957**
1957 exhumiert der belgische Suchdienst 149 Opfer des
Flossenbürger Außenlagers Ganacker, die auf dem Friedhof
Wallersdorf begraben sind. Die Untersuchungen werden
akribisch geführt. 20 Tote werden identifiziert.
KZ-Gedenkstätte Flossenbürg

links: Koffer von Leszek Żukowski mit seinen Initialen, 1945/46
Diesen Koffer erwirbt Leszek Żukowski 1946 im Tausch gegen
Zigaretten und Lebensmittel. Ein Jahr später kehrt er damit nach
Warschau zurück. Der Koffer aus Flugzeugblech erinnert ihn an
seine Zwangsarbeit im KZ Flossenbürg.
KZ-Gedenkstätte Flossenbürg

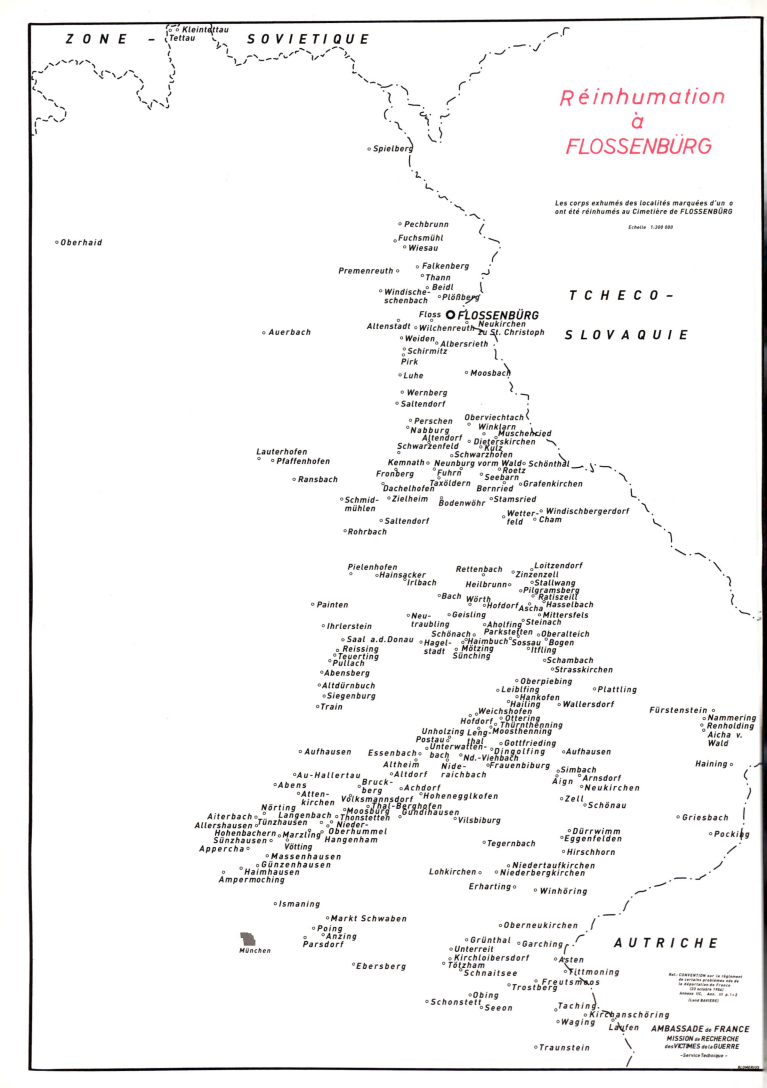

ERINNERUNG

Beinkiste für Umbettungen, um 1958
KZ-Gedenkstätte Flossenbürg

Ehrenfriedhof in der KZ-Gedenkstätte Flossenbürg, um 1960
Die Bayerische Schlösserverwaltung legt einen Sammelfriedhof auf dem Gelände des ehemaligen Konzentrationslagers an. Die parkähnliche Gestaltung soll sich harmonisch in die Landschaft einfügen. Bis 1960 werden hier über 5.000 Tote begraben.
KZ-Gedenkstätte Flossenbürg

links: Karte der Umbettungen nach Flossenbürg, Französischer Suchdienst, um 1960
Die Karte zeigt Orte, von denen aus tote KZ-Opfer nach Flossenbürg überführt wurden.
KZ-Gedenkstätte Dachau

Schlussstrich und Integration 1950–1958

Der Prozess gegen Huppenkothen und Thorbeck
Am 9. April 1945 wurden in Flossenbürg Angehörige des militärischen Widerstands nach einem Standgerichtsverfahren erhängt.

bpb, Bonn/Berlin

Admiral Wilhelm Canaris

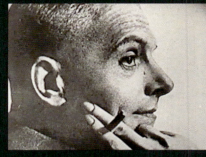
General Hans Oster

1955 müssen sich Walter Huppenkothen und Otto Thorbeck für die Hinrichtungen vom 9. April 1945 vor dem Schwurgericht Augsburg verantworten.

Die Anklage lautet auf Beihilfe zum Mord.

Walter Huppenkothen, früherer SS-Jurist

Er kann sich angeblich an nichts erinnern.

Der ehemalige Häftling Hans Lunding im Zeugenstand.

Der Däne war in Flossenbürg Zellennachbar von Canaris.

Sieben Jahre Zuchthaus für Huppenkothen.

Vier Jahre Zuchthaus für Thorbeck.

Generalstabsrichter Karl Sack

Hauptmann Ludwig Gehre

Pastor Dietrich Bonhoeffer

Otto Thorbeck, früherer SS-Richter

Zahlreiche Zeugen werden verhört.

Zeuge Johann Geisberger, früherer SS-Mann

Lunding belastet die Angeklagten schwer.

Das Urteil lautet: Schuldig der Beihilfe zum Mord.

Ein Jahr später hebt der Bundesgerichtshof das Urteil auf.

Huppenkothens Haftstrafe wird um ein Jahr verringert, Thorbeck wird freigesprochen.

Schlussstrich und Integration   1950–1958

Wilhelm Canaris: Ein umstrittener Patriot

Die Figur Wilhelm Canaris dient in den 1950er Jahren einer ganzen Generation zur Entlastung. Der Spielfilm „Canaris" zeigt den Admiral als zweifelnden Patrioten, der das gutgläubige Volk vor dem Abgrund bewahren will.

Kinowelt GmbH, Leipzig

ADMIRAL CANARIS
WURDE AM 9. APRIL 1945
WENIGE STUNDEN VOR DEM EINTREFFEN
AMERIKANISCHER PANZER
AUF BEFEHL HITLERS
IM KONZENTRATIONSLAGER FLOSSENBÜRG
HINGERICHTET

1958–1970
VERDRÄNGEN UND VERGESSEN

Der Kalte Krieg dominiert nicht nur die Politik in Deutschland und der Welt – er prägt auch die deutsche Auseinandersetzung mit der NS-Vergangenheit. Einerseits erregen große Prozesse weltweites Aufsehen. Andererseits wird vieles vergessen und verdrängt. In Flossenbürg zeigt sich dies am deutlichsten beim Bau einer Wohnsiedlung auf dem ehemaligen Lagergelände.

Neu erbaute Siedlung auf dem ehemaligen Lagergelände, Ende der 1950er Jahre
KZ-Gedenkstätte Flossenbürg

Die 1960er Jahre sind weltpolitisch geprägt durch die Zuspitzung des Kalten Krieges. 1962 hält die Welt während der Kubakrise dreizehn Tage lang den Atem an. Auslöser des Konflikts ist die Stationierung sowjetischer Atomraketen auf Kuba, wodurch die USA erstmals unmittelbar von einem Angriff bedroht sind. Eine atomare Katastrophe kann nur durch das Einlenken von US-Präsident Kennedy und des sowjetischen Staats- und Parteichefs Chruschtschow verhindert werden. Der Wettstreit der Systeme verlagert sich in den Weltraum. 1969 landen die Amerikaner erfolgreich auf dem Mond. Auch die beiden deutschen Staaten werden zu zentralen Schauplätzen im Konflikt zwischen den USA und der UdSSR. 1961 wird die Teilung Deutschlands mit dem Bau der Berliner Mauer zementiert.

Ab Mitte des Jahrzehnts entstehen zahlreiche Protestbewegungen in West und Ost. Vor allem junge Menschen lehnen sich weltweit gegen die bestehenden Verhältnisse auf und prangern soziale Missstände an. In den USA kämpft die Bürgerrechtsbewegung für die Gleichberechtigung der Schwarzen. An deutschen Universitäten demonstrieren Studenten gegen verkrustete Strukturen. Während im Westen viele Proteste zumindest Ansätze von Reformen bringen, werden sie in den sozialistischen Staaten gewaltsam unterdrückt. So marschieren sowjetische Truppen in die Tschechoslowakei ein und setzen die vom Volk unterstützte sozialistische Reformregierung ab.

TÄTER VOR GERICHT

Die Verbrechen des Nationalsozialismus wurden in den 1960er Jahren vor allem durch aufsehenerregende Strafprozesse bekannt. 1961 hatte sich Adolf Eichmann, ehemals Leiter des „Judenreferats" im Reichssicherheitshauptamt, vor dem Jerusalemer Bezirksgericht zu verantworten. Mit ihm stand nicht nur ein Täter des Holocaust im Licht der Aufmerksamkeit; erstmals erhielten die Schilderungen der Opfer weltweite Beachtung. Eichmann war für die Deportation von über drei Millionen Menschen in die Vernichtungslager verantwortlich. Vor Gericht präsentierte er sich hingegen als stets dienstbeflissener Beamter. Die Prozessbeobachterin Hannah Arendt prägte für dieses Auftreten Eichmanns den Begriff von der „Banalität des Bösen". Adolf Eichmann wurde zum Tod verurteilt und hingerichtet.

1963 begann in Frankfurt am Main mit dem Auschwitz-Prozess der größte Strafprozess der deutschen Nachkriegsgeschichte. Der hessische Generalstaatsanwalt Fritz Bauer und der Österreicher Hermann Langbein hatten das Verfahren maßgeblich initiiert. Bauer hatte bereits 1952 den früheren Wehrmachtsoffizier Otto Ernst Remer wegen Verunglimpfung der Attentäter des 20. Juli angeklagt. Langbein war Auschwitz-Überlebender. Der Prozess, zu dem Zeugen aus aller Welt geladen waren, dauerte zwei Jahre und konfrontierte eine breite Öffentlichkeit mit den grausamen Einzelheiten der nationalsozialistischen Vernichtungspolitik. Zahlreiche kulturelle und wissenschaftliche Beiträge wurden durch den Auschwitz-Prozess angestoßen.

Die juristische Aufarbeitung der NS-Verbrechen wurde ebenfalls vom Kalten Krieg beeinflusst. Die DDR warf der Bundesrepublik vor, NS-Täter auf allen Ebenen, selbst bis in die Spitzen der Gesellschaft zu akzeptieren. So listete das 1965 in Ost-Berlin erschienene „Braunbuch" über 1.900 „Nazi-Funktionäre und Kriegsverbrecher" auf, deren Nachkriegskarrieren als Beweis für die kontinuierliche braune Gesinnung der BRD gewertet wurden. Die DDR, nach eigener Definition ein antifaschistischer Staat, belangte selbst jedoch nur wenige NS-Täter strafrechtlich. Auch auf kultureller Ebene reklamierte die DDR das Erbe der kommunistischen Widerstandskämpfer für sich. Beispielhaft steht dafür der Roman „Nackt unter Wölfen" des Buchenwald-Überlebenden Bruno Apitz. Er erzählt, wie kommunistische Häftlinge in Buchenwald einen jüdischen Jungen retten. Während die Kommunisten als Heldenfiguren gezeichnet werden, bleiben die jüdischen Mithäftlinge konturlos und passiv.

Die Diskussion um die Strafverfolgung entfaltete in der Bundesrepublik eine erhebliche innenpolitische Brisanz. Nach einer emotional geführten Bundestagsdebatte verlängerten die Abgeordneten im März 1965 die Verjährungsfrist bei Mord, indem sie den Beginn der juristischen Tatverfolgung auf den 31. Dezember 1949 verschoben. Dies ermöglichte die Aufnahme von Ermittlungen gegen eine Vielzahl wenig prominenter NS-Täter. So wurde 19 Jahre nach Kriegsende der ehemalige Kommandant des Flossenbürger Außenlagers Helmbrechts vor dem Landgericht Hof wegen Mordes angeklagt. Trotz seiner unstrittigen Verbrechen wurde Alois Dörr von seiner Heimatgemeinde Höpfingen rigoros verteidigt. Das Verfahren gegen den respektierten und geachteten Mitbürger stieß dort auf völliges Unverständnis.

DAS ENDE DER WIEDERGUTMACHUNG

Während die Verfolgung der Täter neue Impulse erhielt, wurde die so genannte Wiedergutmachung für die Opfer des Nationalsozialismus Mitte der 1960er Jahre praktisch eingestellt. Das bürokratisch aufwendige Verfahren zur finanziellen Entschädigung der Opfer bedeutete für viele Überlebende einen langen Leidensweg mit ungewissem Ausgang. Ihre Hoffnung, mit Inkrafttreten der Bundesentschädigungsgesetze wenigstens eine materielle Kompensation zu erhalten, wurde schnell zunichte gemacht. Die Opfer mussten nachweisen, dass KZ-Haft und Zwangsarbeit bei ihnen zu physischen und psychischen Schäden geführt hatten. Dies zog nicht selten demütigende und belastende Prozeduren nach sich.

So kämpfte etwa der als „Zigeuner" und „asozial" verfolgte und eingesperrte Sinto Kynophas Schmidt jahrzehntelang um die Anerkennung als Opfer des NS-Regimes. Hierbei stieß er immer wieder auf anhaltenden Rassismus. Die Behörden, die seinen Antrag zu prüfen hatten, übernahmen alte Vorurteile und zweifelten an seiner Glaubwürdigkeit. Durch seine Haft in verschiedenen Konzentrationslagern, darunter in Flossenbürg, und durch den Verlust seiner Familie war Schmidt psychisch und körperlich angegriffen. Er blieb für den Rest seines Lebens arbeitsunfähig; sein Kampf um Entschädigung war daher auch einer um seine pure Existenz. Erst 1966 wurde Kynophas Schmidt eine einmalige Entschädigungszahlung zugesprochen. Die Auszahlung erlebte er jedoch nicht mehr.

EIN „TAL DES LEBENS" NEBEN DEM „TAL DES TODES"

Im ehemaligen Lagergelände von Flossenbürg hinterließen weitere umfassende Baumaßnahmen bleibende Spuren. Der lange geplante und 1958 begonnene Siedlungsbau bildete dabei den prägnantesten Eingriff in die vormalige Lagerstruktur. Auf dem Standort ehemaliger Häftlingsbaracken errichtete die Gemeinde Wohnhäuser für Vertriebene aus Böhmen und Schlesien, die zum größten Teil für die Arbeit im Steinbruch der Oberpfälzer Steinindustrie angesiedelt wurden. Weder der Standort der Wohnhäuser noch die Vorgeschichte des Steinbruchs, der von KZ-Häftlingen erschlossen worden war, erregten dabei moralische Bedenken – im Gegenteil: Zeitungsartikel feierten die Bebauung des Geländes unter dem Motto: „Auf Stätten des Leids – Heime des Glücks".

Gleichzeitig setzte die Bayerische Verwaltung der Staatlichen Schlösser, Gärten und Seen ihre Bemühungen fort, die Gedenkstätte als harmonische Parkanlage zu gestalten, welche die Spuren der Vergangenheit nivellieren sollte. Neben der Gedenkanlage im „Tal des Todes" und dem Friedhof für 5.000 Opfer der Todesmärsche umfasste die Gedenkstätte auch den ehemaligen Arrestbau. Letzterer stand der bevorzugten Grünflächengestaltung im Weg, und so wurde 1964 beschlossen, das vormalige Arrestgebäude abzureißen. Nur die Intervention des evangelischen Ortspfarrers und weiterer kirchlicher Kreise verhinderte den vollständigen Abriss. Unter Verweis auf den historischen und symbolischen Wert der Hinrichtungsstätte des Theologen Dietrich Bonhoeffer sowie anderer Widerstandskämpfer konnte ein Gebäuderest sowie ein Teil der Gefängnismauer erhalten werden.
An diesem verbleibenden Mauerrest brachten am 9. April 1965 frühere Mitarbeiter des Amtes Ausland/Abwehr eine Gedenktafel für Admiral Wilhelm Canaris an. Es war also eine private Initiative, die das erste Erinnerungszeichen für ein Mitglied des militärischen Widerstands installierte – zwanzig Jahre nach dessen Ermordung an dieser Stelle.

Währenddessen versuchten die offiziell Zuständigen, nämlich die Gemeinde Flossenbürg und die Schlösserverwaltung, den Makel eines ehemaligen KZ-Standortes zu tilgen. Mit ihren Baumaßnahmen – der Siedlungserrichtung einerseits, der Parkgestaltung andererseits – schienen sie ihr Vorhaben Ende der 1960er Jahre erfolgreich abgeschlossen zu haben. Das ehemalige Konzentrationslager Flossenbürg verschwand immer mehr in der Peripherie der öffentlichen Wahrnehmung und geriet allmählich in Vergessenheit.

Kathrin Helldorfer

Verdrängen und Vergessen 1958–1970

1955

Flucht eines NVA-Soldaten über die Berliner Mauer
15. August 1961
Staatsarchiv Hamburg, Foto: Peter Leibing

1958: Bruno Apitz, Nackt unter Wölfen
Der Roman des ehemaligen Buchenwald-Häftlings beschreibt die Rettung eines jüdischen Jungen durch kommunistische Mithäftlinge. Das Buch ist in der DDR Schullektüre.

Studentenprotest an der Universität Hamburg, 9. November 1967
picture alliance/dpa

1965

1963–1965: Auschwitz-Prozess in Frankfurt am Main
Generalstaatsanwalt Fritz Bauer und der ehemalige Auschwitz-Häftling Hermann Langbein stoßen den größten deutschen NS-Prozess an. 356 Zeugen aus aller Welt sagen aus, darunter 211 ehemalige Häftlinge.

Verdrängen und Vergessen 1958–1970

ORT

WOHNORT LAGER

Die Gemeinde und der Landkreis bemühen sich seit Anfang der 1950er Jahre intensiv um die Bebauung des ehemaligen KZ-Geländes. Sie wollen dort Vertriebene aus Böhmen und Schlesien ansiedeln. Wo zuvor Baracken standen, werden ab 1958 Wohnhäuser errichtet. Die Infrastruktur des Konzentrationslagers wird zum Ausgangspunkt der Dorferweiterung. Mit der Überformung des Areals soll ein Schlussstrich unter die KZ-Vergangenheit des Ortes gezogen werden.

Luftbild des Konzentrationslagers Flossenbürg, US Air Force, 23. März 1945
National Archives, Washington D.C.

**Bebauungsplan des Landkreissiedlungswerks
Neustadt a.d. Waldnaab, Februar 1958**
Landkreissiedlungswerk Neustadt a.d. Waldnaab

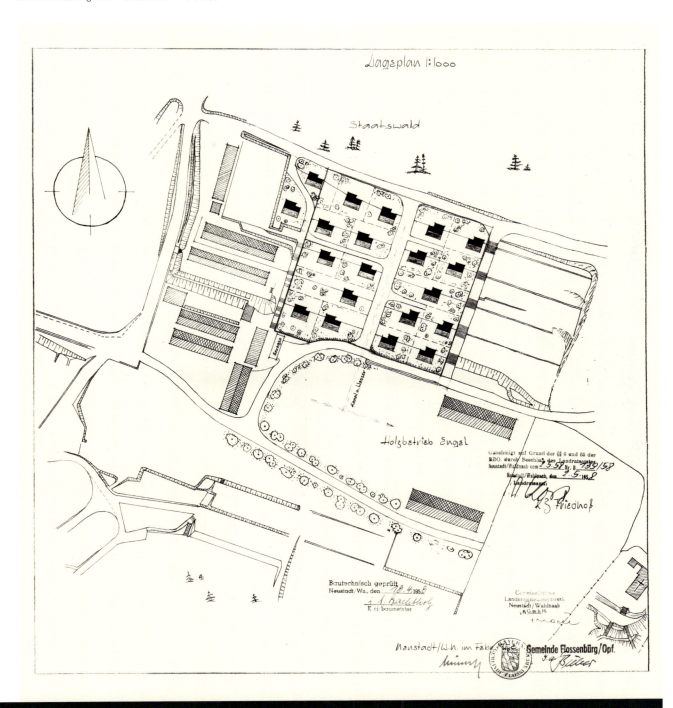

Die Siedlung auf dem Lagergelände

Nach langjährigen Diskussionen beginnt 1958 die Bebauung des früheren KZ-Areals. Die Gemeinde schafft Wohnraum für Vertriebene, beseitigt damit aber auch gezielt die Überreste des Konzentrationslagers

1945
KZ-Gedenkstätte Flossenbürg

1949

Ende der 1950er Jahre
KZ-Gedenkstätte Flossenbürg

„Weihnachtsfreude für Flossenbürger Siedler"
Oberpfälzer Nachrichten, Dezember 1958

1960er Jahre
KZ-Gedenkstätte Flossenbürg

„Auf Stätten des Leids – Heime des Glücks"
Oberpfälzer Nachrichten, August 1961

1958

Richtfest für 18 Häuser des Landkreis-siedlungswerkes in Flossenbürg
Oberpfälzer Nachrichten, 16. August 1958

Ende der 1950er Jahre
KZ-Gedenkstätte Flossenbürg

„Ehemaliges KZ-Gelände schön bebaut"
Oberpfälzer Nachrichten, 8. August 1961

1969
Privatbesitz

„Siedler brachten totes Land wieder zum Blühen"
Oberpfälzer Nachrichten, August 1969

Verdrängen und Vergessen 1958–1970

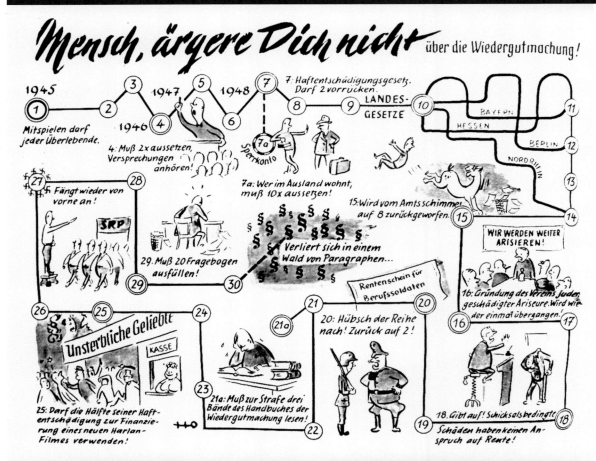

ÜBERLEBENDE

KAMPF UM ENTSCHÄDIGUNG

In der Bundesrepublik wird die Entschädigung von NS-Verfolgten durch ein kompliziertes Verfahren geregelt. Viele Überlebende müssen um ihre Anerkennung kämpfen. Immer stehen sie in der Beweispflicht und müssen sich mühsam durch den Paragraphen-Dschungel schlagen. Ihre Anträge bleiben oft erfolglos. Insbesondere Sinti und Roma, Homosexuelle oder so genannte „Asoziale" werden jahrzehntelang nicht als NS-Verfolgte anerkannt. Ein materieller Ausgleich für das erlittene Unrecht wird ihnen verweigert.

Karikatur „Mensch, ärgere Dich nicht über die Wiedergutmachung!", Allgemeine Wochenzeitung der Juden in Deutschland, Düsseldorf 1950
Jüdisches Museum Berlin

rechts: Aktenstapel mit Auszügen aus der Entschädigungsakte von Kynophas Schmidt
Bayerisches Landesentschädigungsamt 1948–1967
Bayerisches Hauptstaatsarchiv, München

Verdrängen und Vergessen 1958–1970

rechts: **Antrag auf Ausstellung eines Ausweises für ehemalige KZ-Insassen, 10. Dezember 1948**
Diese Fragebögen werden allen Verfolgten vorgelegt. Auf Grundlage der gemachten Angaben wird der Status als NS-Verfolgter behördlich anerkannt – oder auch nicht. Anerkannte Verfolgte des NS-Staates erhalten in den unmittelbaren Nachkriegsjahren materielle Unterstützung und können später auch Rentenzahlungen beziehen. Den Sinti und Roma, während der NS-Zeit als „Zigeuner" verfolgt, wird diese Anerkennung verweigert.
Bayerisches Hauptstaatsarchiv, München

ÜBERLEBENDE

Brief von Kynophas Schmidt an das Bayerische Innenministerium, 2. Juni 1958
Bayerisches Hauptstaatsarchiv, München

Antrag auf Ausstellung eines Ausweises für ehemalige KZ-Insassen

Wichtig! Alle Antworten auf die in diesem Fragebogen gestellten Fragen müssen mit Schreibmaschine oder in klaren Blockbuchstaben mit Tinte ausgefüllt werden. Jede einzelne Frage ist genau und wahrheitsgetreu zu beantworten und keine Frage darf unbeantwortet gelassen werden. Falls eine Frage nicht zutrifft, ist sie mit „nicht betreffend" auszufüllen. In Ermangelung ausreichenden Platzes können weitere Bogen von gleicher Größe angeheftet werden.

Auslassungen sowie falsche oder unvollständige Angaben stellen Vergehen gegen die Verordnungen der Militärregierung dar und sind gesetzlich strafbar.

Name: **Kynophas Schmidt**
Geburtsort: **Mülheim/Wttbg.**   Geburtsdatum: **30.1.99**
Nationalität (Volkszugehörigkeit): **deutsch (Zigeuner**
jetzige und event. frühere Staatsangehörigkeit (wann): **deutsch**
Beruf: **Händler**
Familienstand (ledig, verheiratet, geschieden): **verheiratet**
Nächste Angehörige (mit Anschrift): **Frau Elise Schmidt geb. Winterstein**
Nürnberg, Füll 7

Ständiger Wohnsitz: **Nürnberg**
Gegenwärtiger Wohnsitz: **"**
Größe: **1,68 m**   Gewicht: **125 Pfd.**   Haare: **schwarzbraun**
Augen: **braun**   Zähne: **gut**
Besondere Kennzeichen: **eingeschlagene Schädeldecke (SS)**

Andere ehemalige Häftlinge, die den Bewerber kennen:
1.
2.
3.
4.

Nähere Angaben über Haft:

Lager, Haftanstalt usw.: **Zigeunerlager bei Salzburg** (Weyer)   Nr.:
Haft: von **Anfang Sept.1941** bis **Mitte Sept. 41**   Grund der Haft: **Zigeuner**
22.8.41
Datum und Grund der Entlassung: **nach Lackenbach-Burgenland verschickt**

Lager, Haftanstalt usw.: **"**   Nr.:
Haft: von **ca. 8 Tage** bis   Grund der Haft:
Datum und Grund der Entlassung:

Lager, Haftanstalt usw.: **nach Litzmannstadt Chetto**   Nr.:
Haft: von **Mitte Sept.41** bis **Dez.41**   Grund der Haft:
(Inzwischen meine Frau nach Lublin verschickt und dort umgebracht mit 10 Kindern(
Datum und Grund der Entlassung:

Lager, Haftanstalt usw.: **Posen- Arbeitseinsatz-Krankenhaus (Flecktyphus)**
Haft: von **Jan. 42** bis **März 42**   Grund der Haft:
Datum und Grund der Entlassung:

Lager, Haftanstalt usw.: **Flossenbürg KZ**   Nr.:
Haft: von **ca. 6 Wochen** bis **Mai 42**   Grund der Haft:
6.7.42 / 18.7
Datum und Grund der Entlassung:

Lager, Haftanstalt usw.: **Ravensbrück KZ**   Nr.:
Haft: von **1942** bis **Dez. 42**   Grund der Haft:
18.7
(Lagerführer Kegel)
Datum und Grund der Entlassung: **von Ravensbrück nach Sachsenhausen KZ, wo ich 1945 von den Amerikanern befreit wurde.**

Datum und Umstände der letzten Entlassung: **Mai 1945**

Unter welchen Umständen wurden Sie in Haft gesetzt und von wem:
In Linz auf der Strassenbahn als Kraftfahrer beschäftigt (Städtisch), wurde in Uniform verhaftet von Gestapo

Vor welchen Gerichten und unter welcher Anklage standen Sie:
vor keinem

Welche Arbeit verrichteten Sie in der Haft: **Lagerarbeiten, Hilfsarbeit usw.**

Waren Sie jemals Kapo, Blockältester, Stubenältester, Vorarbeiter, Lagerpolizist usw. (wie lange): **nein**

Welche Farbe hatten die Winkel oder Abzeichen, die Sie während der Haft trugen: **schwarz**

Welche Sonderstrafen wurden über Sie während Ihrer Haft verhängt:
beim Ausgehen aus der Stube nach Feierabend aus nichtigen Gründen wurde mir von der SS der Schädel eingeschlagen, weil wir bei denen so verhasst waren und wir nicht für die Partei eingenommen waren.

Wurden Sie jemals aus kriminellen Gründen verurteilt oder in Haft gehalten: **nein**

Weitere Angaben: **Ich lernte, als ich aus dem KZ kam, meine zweite Frau Elise Winterstein kennen, die ich dann geheiratet habe. Meine Frau ist geboren am 18.6.1911 in Grätzenbach Kanton Bern (Schweiz). Meine Frau war selbst von 1938-1945 im Lager Ravensbrück. Ihr Lagerführer hat Kegel geheissen, wobei sie die Oberaufseherin Langefeld und Oberaufseherin Mantel und Binz hatte. Wir haben 2 Kinder.**
Betr. meiner Frau muss ich mitteilen, dass diese ihre 4 Kinder durch Fliegerangriff in Köln verloren hat (d.h. die 4 Kinder aus ihrer ersten Ehe zusammen mit ihrem ersten Mann.)

Ich erkläre hiermit an Eidesstatt, daß sämtliche vorstehende Angaben der vollen Wahrheit entsprechen, daß ich nichts ausgelassen oder verschwiegen habe, noch daß ich Angaben gemacht habe, welche in irgendeiner Weise zweideutige Auslegung zulassen.

Datum: **Nürnberg, 10. Dezember 1948**   Unterschrift:

Prüfstelle:

Verdrängen und Vergessen 1958–1970

ERINNERUNG

Die Gedenkstätte als Parkanlage
Die Gedenkstätte wird von der Bayerischen Verwaltung der staatlichen Schlösser, Gärten und Seen betreut. Diese gestaltet die Anlage als Friedhof und Park. Hierfür zerstört sie bewusst KZ-Bauten.

KZ-Grab- und Gedenkstätte, 1960er Jahre
Bayerische Schlösserverwaltung, München

ÜBERLEBENDE

links: Beschluss des Landesamts für Wiedergutmachung, Anerkennungsausschuss, 28. November 1949
Das Landesamt für Wiedergutmachung verweigert Kynophas Schmidt die Anerkennung als „rassisch Verfolgter". Die Dokumente in der Akte von Kynophas Schmidt belegen die Stigmatisierung der Sinti und Roma als „Kriminelle". Die Behörde macht sich damit die rassistisch motivierte Haltung des NS-Staates zu eigen.

rechts: Schreiben des Bayerischen Landeskriminalamts, 12. März 1954
Das Landeskriminalamt in München beantwortet 1954 eine Anfrage des Landesentschädigungsamtes.
Das Verfahren wird über Jahre verschleppt. Die Behörde sucht unablässig nach Gründen, Kynophas Schmidt die Anerkennung zu verweigern. Seine persönlichen Angaben werden wiederholt in Frage gestellt und frühere Vergehen aufgelistet.
Die Kriminalpolizei führt Personen-Akten aus der NS-Zeit in so genannten Zigeunerkarteien weiter.
Bayerisches Hauptstaatsarchiv, München

Bayerisches Landeskriminalamt

Abt. IIa Az.: Ldfz.
Nr.: b28/54-Gey-

München 34, Postfach, den 12. März 1954
Türkenstraße 4, Fernruf 27351

An das
Bayer. Landesentschädigungsamt
- Sachgebiet II/7 -
München 2
Arcisstr. 11

Bayer. Staat
Landesentschädigungsamt
00000 15.3.54
Poststelle

Betrifft: S c h m i d t Kinophas, geb. 30.1.1899 in Mühlheim am Bach;
wegen Wiedergutmachung

Bezug: Dort. Anfrage v. 30.12.53 Az.: 2433/III/307 Ha/Hu.

Zur dortigen Anfrage wird mitgeteilt, daß der Antragsteller S c h m i d t Konephas bei der staatlichen Kriminalpolizei - Zigeunerpolizeistelle - aktenmäßig geführt und die Akten im Jahre 1945 von der hiesigen Dienststelle übernommen wurden.

Die angegebenen Personalien sind nach der bei den Akten befindlichen Geburtsurkunde Nr. 4/1899 des Standesamtes Mühlheim am Bach und der Heiratsurkunde Nr. 12/1919 des Standesamtes Wachenbuchen, richtig. Die Person steht fest, weil sie von der Mutter anerkannt wurde.

Nach dem bei den Akten befindlichen Strafregisterauszug der Staatsanwaltschaft Rottweil vom 18.6.40 bzw. 9.4.47 erlitt Schmidt in der Zeit vom 9.7.1920 bis 15.7.1941 9 Vorstrafen, darunter solche wegen Diebstahls, Urkundenfälschung, Widerstands und gefährlicher Körperverletzung, sowie Fahrens eines Kraftfahrzeuges ohne Führerschein und in Trunkenheit. Die Höchststrafe betrug dabei wegen gefährlicher Körperverletzung 2 Jahre und 8 Monate Gefängnis. Aus der Auskunft der Staatsanwaltschaft Rottweil vom 9.4.47 ist weiter zu entnehmen, daß durch die Vernichtung des Strafregisters durch Kriegseinwirkung eine Gewähr für die Auskunft nur für die Zeit nach dem 13.11.1945 übernommen werden kann. Praktisch können damit evtl. Verurteilungen des Schmidt zwischen dem 15.7.41 (letzte Verurteilung in Linz wegen Diebstahls zu 6 Wochen Kerker) und dem 13.11.45 nicht mehr festgestellt werden.

Nachweise über eine rassische Verfolgung des Schmidt liegen in den Akten nicht ein. Aus dem Akteninhalt ergibt sich aber, daß Schmidt am 27.2.40 unberechtigt von Klagenfurt nach München zuzog und im Juli 1940 von der Kriminalpolizei München wieder dorthin zurückverwiesen wurde. Ein Haftzertifikat liegt nicht auf.

Aus dem in der dortigen Anfrage übermittelten Auszug ist zu ersehen, daß Schmidt am 6.7.42 von der Kriminalpolizei Ludwigshafen kommend, dem KZ-Flossenbürg überstellt wurde. Als

16.3.54

BayHStA
Landesentschädigungsamt
EG 2433

Haftgrund ist von dort vermerkt RA - ASO (russischer Arbeiter asozial). Die in Klammer befindliche Erklärung von dort ist zweifellos falsch und vermutlich auf ein Versehen zurückzuführen.

Nach dem Zeitpunkt seiner Einweisung - 6.7.42 - und nach den hier bekannten Vorstrafen, die immerhin erheblich waren, kann Schmidt nicht aus rassischen Gründen in KZ-Haft genommen worden sein. Seine Einweisung ist, wie sich zum Teil auch aus dem Haftzertifikat ergibt, als Asozialer erfolgt. Bekanntlich wurden zigeunerische Personen erst in größerem Rahmen nach dem Erlaß vom 29.1.43 in den ersten Märztagen 1943 festgenommen und dem KZ-Lager Auschwitz-Birkenau überstellt. Da aber auch hierbei die reinrassigen Zigeuner, soweit sie nicht vorbestraft waren, ausgenommen wurden, kann von einer generellen rassischen Verfolgung zigeunerischer Personen überhaupt nicht die Rede sein. Vielmehr ergab die ihnen arteigene und amtsbekannte, auf Erfahrungstatsachen fußende Arbeitsscheu (Asozialität) und zum Teil ihre Kriminalität, Anlaß zu den besonderen Maßnahmen denen sie unterworfen waren. Damit ist nicht gesagt, daß nicht doch im Einzelfalle auch die Abstammung bei der Inhaftierung eine Rolle gespielt und im gegebenen Fall (z.B. bei Einweisung im Kindesalter) eine rassische Verfolgung vorgelegen haben kann.

Ermittlungen über die Gründe der Festnahme wurden bei der Kriminalpolizei Ludwigshafen eingeleitet. Nach Eingang des Ergebnisses wird nachberichtet.

I.A.

Krim.Insp.

ERINNERUNG

1964 lässt die Schlösserverwaltung den ehemaligen Arrestbau abreißen. Erst nach Protesten evangelischer Kreise bleiben die Hinrichtungswand und ein Gebäuderest erhalten.

Abriss des ehemaligen Arrestbaus, 1964
KZ-Gedenkstätte Flossenbürg

ÜBERLEBENDE

Der ehemalige jüdische Häftling Michael Smuss schildert seine widerstreitenden Gefühle bezüglich der Beantragung von Entschädigungszahlungen:
„Erstens war ich stolz. Zweitens war es ein Konflikt: Soll ich 3209 Mark und 75 Pfennig für den Tod meines Vaters verlangen? Sollte mein Vater in eine Kategorie von tausendhundert und 75 Pfennige oder 98 Pfennige ... Wiedergutmachung? Das hätte mir damals die Wunden wieder aufgemacht. Wir konnten das Geld gebrauchen, es war auch nicht so der Stolz: ‚Wir brauchen das nicht!' oder ‚Du kannst das nicht gut machen.' Aber ich konnte es nicht einnehmen für das, was ich gelitten habe. Ich konnte es nicht vergleichen für den Wert. Es war viel, viel zu früh. Die Wunden waren auf. Das Herz hat geblutet."

TÄTER

KALTER KRIEG UM DIE TÄTER

In den 1960er Jahren beherrscht der Ost-West-Konflikt die Diskussion um die NS-Täter. Die DDR-Führung versucht, die Verstrickung westdeutscher Eliten mit dem NS-Regime und seinen Verbrechen nachzuweisen. In der DDR selbst werden hingegen nur wenige Täter strafrechtlich verfolgt. In der Bundesrepublik sorgen Gerichtsverfahren wie der Frankfurter Auschwitz-Prozess für Aufsehen. 1965 verlängert der Bundestag die Frist für die Verjährung von Mord. Die Mehrheit der Bevölkerung lehnt Prozesse gegen die Täter von einst jedoch ab.

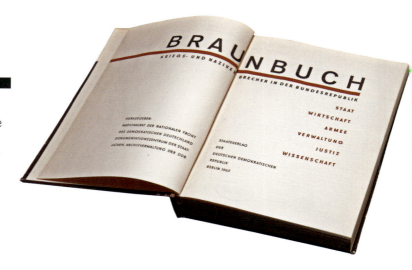

Braunbuch, Kriegs- und Naziverbrecher in der Bundesrepublik, Berlin (DDR) 1965
Das Braunbuch listet über 1.900 Personen des öffentlichen Lebens auf. Sie werden als „schwerbelastete führende Nazi-Funktionäre und Kriegsverbrecher" dargestellt. Genannt sind auch Industrielle, die an der Ausbeutung von Häftlingen des KZ Flossenbürg beteiligt waren.
KZ-Gedenkstätte Flossenbürg

Im März 1965 beantragen Abgeordnete von CDU und SPD im Bundestag eine Aufhebung der Verjährungsfrist für Mord. Die Debatte gerät zu einer generellen Auseinandersetzung mit den NS-Verbrechen und geht quer durch alle Parteien. Der Abgeordnete Adolf Arndt:
„Ich weiß mich mit in der Schuld. Denn sehen Sie, ich bin nicht auf die Straße gegangen und habe geschrien, als ich sah, dass die Juden aus unserer Mitte lastkraftwagenweise abtransportiert wurden. Ich habe mir nicht den gelben Stern umgemacht und gesagt: Ich auch! Es geht darum, eine sehr schwere und im Augenblick leider noch ganz unpopuläre Last und Bürde auf uns zu nehmen. Es geht darum, dass wir gegenüber dem Gebirge an Schuld und Unheil, das hinter uns liegt, nicht den Rücken kehren."

Verdrängen und Vergessen 1958–1970

rechts: Gedenkfeier für Wilhelm Canaris
im ehemaligen Arresthof, 9. April 1965
KZ-Gedenkstätte Flossenbürg

ERINNERUNG

Ehemaliger Arrestbau, 1966
KZ-Gedenkstätte Flossenbürg

WÜRDIGUNG DES 20. JULI 1944

Bis in die 1950er Jahre gelten die Beteiligten am Attentat auf Hitler in weiten Kreisen der Bevölkerung als „Vaterlandsverräter". Erst allmählich setzt sich eine positive Bewertung des missglückten Anschlags durch. Der Chef des militärischen Geheimdienstes, Admiral Wilhelm Canaris, wird in der Bundesrepublik zu einer Symbolfigur des Widerstands. Als Todesort von Wilhelm Canaris und Dietrich Bonhoeffer erlangt Flossenbürg ab den 1960er Jahren nationale Bekanntheit.

TÄTER

„Der gute Mensch von Höpfingen",
Zeitschrift „Stern", 1. April 1969
Alois Dörr, ehemaliger Kommandant des Flossenbürger Außenlagers Helmbrechts, steht 1969 wegen Mordes vor dem Landgericht Hof. Dörrs Heimatgemeinde verteidigt den geachteten Mitbürger. Der Artikel kontrastiert diese Haltung kritisch mit den schweren Tatvorwürfen.
KZ-Gedenkstätte Flossenbürg

Programm der Gedenkfeier, 9. April 1965
KZ-Gedenkstätte Flossenbürg

Gedenktafel für Wilhelm Canaris, gestiftet anlässlich seines 20. Todestages vom „Komitee 9. April", 1965
Vertreter des „Komitee 9. April" bringen die Gedenktafel an der Hinrichtungswand des ehemaligen Arresthofes an.
KZ-Gedenkstätte Flossenbürg

1970–1980
SELEKTIVES ERINNERN

Die tagespolitische Bedeutung der NS-Zeit lässt nach. Die Ost-Politik der Bundesregierung und der Terrorismus der RAF werden zwar mit Blick auf die Vergangenheit diskutiert. Die konkrete Erinnerung an die Opfer des Nationalsozialismus gilt jedoch nur bestimmten Gruppen wie den Männern des 20. Juli, und sie wird auch nur von wenigen Protagonisten gepflegt. Erst gegen Ende des Jahrzehnts wächst das Interesse am Holocaust.

Gedenkfeier der französischen Association de Flossenbürg
im ehemaligen Außenlager Janowitz, Vrchotovy Janovice (ČSSR), 1980
Association de Flossenbürg

Selektives Erinnern 1970–1980

Die 1970er sind gesellschaftlich und politisch eine Phase des Übergangs. Die Grenzen des wirtschaftlichen Wachstums zeichnen sich ab. Ölkrisen und der Niedergang ganzer Industriezweige führen zu Inflation und einem Anstieg der Arbeitslosenzahlen in der westlichen Welt. Nach der militärischen Niederlage in Vietnam setzen die USA im System-Wettstreit mit den kommunistischen Machthabern auf Entspannung.

In der Staatsspitze der DDR findet Anfang der 1970er Jahre eine tiefgreifende personelle Umstrukturierung statt. 1971 wird der langjährige Staatschef und Zentralratsvorsitzende der SED, Walter Ulbricht, von Erich Honecker abgelöst. Dieser Wechsel führt zur Aufgabe einer eigenständigen Deutschlandpolitik der SED und zur völligen Unterwerfung der Staatsführung der DDR unter den Monopolanspruch der KPdSU.

In der Bundesrepublik amtiert mit Willy Brandt erstmals ein Regierungschef, der sich nicht mehr als Kanzler eines besiegten, sondern eines befreiten Deutschland versteht. Brandt, selbst im Widerstand gegen die Nationalsozialisten und in der Emigration, repräsentiert mit seiner Biographie das „andere Deutschland". Gerade dies wird ihm in politischen Auseinandersetzungen regelmäßig vorgeworfen. Umso mehr, als sich Brandt mit der Ost- und Entspannungspolitik seiner sozial-liberalen Koalition um eine Neuausrichtung der Beziehungen zu den Staaten des Warschauer Paktes bemüht, insbesondere zu Polen. Der Kniefall Brandts vor dem Mahnmal für die Opfer des Aufstandes im Warschauer Ghetto am 7. Dezember 1970 setzt ein politisches Zeichen, das heute als historische Zäsur in der Geschichte der Bundesrepublik Deutschland gilt.

Während der moderatere Teil der „Außerparlamentarischen Opposition" (APO) die Politik der sozial-liberalen Koalition mit Sympathie verfolgt, driften Teile des linksradikalen Flügels in den Terrorismus ab. Die Anschläge und Attentate der „Roten Armee Fraktion" (RAF) versetzen das ganze Land in einen Schock- und Belagerungszustand. Negativer Höhepunkt ist der Herbst 1977 mit der Entführung einer Passagiermaschine und der Ermordung des Arbeitgeberpräsidenten Schleyer. In der aufgeheizten Stimmung fordern viele Politiker eine Einschränkung demokratischer Grundrechte.

KONFRONTATION MIT SCHULD UND VERANTWORTUNG

Ein wesentliches Motiv der 1968er-Bewegung, die Auseinandersetzung mit der deutschen Vergangenheit und der Schuld der Elterngeneration, war in der Ideologie der RAF und der mit ihr sympathisierenden Kreise zu einem allgemeinen Faschismusvorwurf gegenüber der Bundesrepublik verkürzt worden. Dabei verschoben sich bis Ende der Siebziger die Erinnerungskontexte erheblich. Während sich in der DDR ein staatliches und gesellschaftliches Selbstbild zementierte, das den Faschismus überwunden zu haben glaubte, verstärkten sich in der Bundesrepublik die geschichtspolitischen Debatten. Ende Januar 1979 hatte die zeitgleich in allen dritten Programmen der ARD gezeigte US-Fernsehserie „Holocaust" bundesweit heftige emotionale Reaktionen hervorgerufen. Mit der Serie „Holocaust" bekam der Völkermord an den Juden erst einen Namen. Der gesellschaftliche Schock und die daran anschließenden intensiven Debatten markierten einen Einschnitt in der Erinnerung an die NS-Gewaltverbrechen.

Die seit den 1970er Jahren offenere Auseinandersetzung mit der Schuld der Elterngeneration hatte nur marginale Auswirkungen auf die juristische Aufarbeitung dieser Schuld. Zwar begann die mit der Verfolgung und Ahndung von NS-Verbrechen beauftragte Zentrale Stelle der Landesjustizverwaltungen in Ludwigsburg 1965 mit Vorermittlungen zu Gewalttaten in Konzentrationslagern. Trotz zum Teil umfangreicher Recherchen wurde die überwiegende Mehrheit dieser Ermittlungen im Laufe der 1970er Jahre aber ohne Anklageerhebung eingestellt, da die Taten verjährt waren oder man der mutmaßlichen Täter nicht habhaft werden konnte. Immerhin waren die Ermittler die ersten, die sich mit bis dahin völlig vernachlässigten Verbrechenskomplexen befassten. Lange vor den Geschichtswissenschaften förderten sie etwa das Wissen um die KZ-Außenlager.

FREMDENVERKEHR UND IMAGEPFLEGE

Auch in Flossenbürg waren die Auswirkungen eines sich verändernden Geschichtsbewusstseins spürbar, allerdings mit sehr spezifischen Ausprägungen. Spätestens mit Beginn der 1970er Jahre hatte der Ort Flossenbürg die Nachkriegszeit infrastrukturell und wirtschaftlich unübersehbar hinter sich gelassen. Der Ort hatte sich systematisch in das ehemalige Lagergelände hinein entwickelt und fast das gesamte frühere KZ-Areal zur Siedlungsfläche umdefiniert. Hinzu kam ein weiterer infrastruktureller Faktor, von der Gemeinde seit Jahren herbeigesehnt: die Wiederbelebung des Fremdenverkehrs. Hierbei wollte die Kommune das Besucherinteresse hauptsächlich auf touristische Sehenswürdigkeiten wie die imposante mittelalterliche Burgruine oder einen nahe gelegenen Badesee lenken. Die Gedenkstätte fand in der Fremdenverkehrswerbung ebenfalls Erwähnung – allerdings nur in sehr abstrakter Form als universale Kriegsopfergedenkstätte, denn das Wort „Konzentrationslager" sollte bewusst vermieden werden.

So befreite sich die Kommune immer mehr vom Stigma des KZ-Ortes. Sie versuchte aus den mit der Gedenkstätte verbundenen Repräsentationspflichten sogar symbolisches Kapital zu schlagen. Hierfür bot sich im Jahr 1979 eine passende Gelegenheit. Im Rahmen seines ersten offiziellen Deutschlandaufenthalts hatte der in ganz Europa populäre italienische Staatspräsident Sandro Pertini den Wunsch geäußert, den Todesort seines Bruders in Flossenbürg aufzusuchen. Um den Eindruck eines offiziellen Besuchs von Franz Josef Strauß in einer KZ-Gedenkstätte zu vermeiden, gab die bayerische Staatskanzlei die Sprachregelung aus, Pertinis Reise nach Flossenbürg habe rein privaten Charakter. Der italienische Staatspräsident habe jedoch den Wunsch geäußert, der bayerische Ministerpräsident möge ihn als Freund bei diesem schweren Gang begleiten. Euphorisch wurden Sandro Pertini und Franz Josef Strauß im September 1979 von mehreren hundert Flossenbürgern empfangen. Spätestens seit diesem Besuch war sich der Ort des realpolitischen Wertes der KZ-Vergangenheit und der Gedenkstätte mehr als bewusst.

FOKUSSIERUNG AUF DEN 20. JULI

Die Gedenkstätte Flossenbürg war inzwischen immer mehr zu einer Pilgerstätte im Gedenken an die Männer des 20. Juli 1944 geworden. Dietrich Bonhoeffer galt mittlerweile international als eine zentrale Symbolfigur des christlich motivierten Widerstandes gegen den Nationalsozialismus. Weltweit entstanden Denkmäler und Erinnerungszeichen an diesen evangelischen Märtyrer. Wilhelm Canaris und Hans Oster wiederum waren Exponenten des militärisch-bürgerlichen Aufbegehrens gegen Hitler. Das Gedenken an diese Männer zählte nun zum Grundbestand politischer Traditionspflege in der Bundesrepublik. Als 1970 im Arresthof eine Tafel für Bonhoeffer und die Offiziere angebracht wurde, versammelten sich hochrangige Geistliche, Politiker und Angehörige der ermordeten Offiziere. Infolge der überregional beachteten Gedenkfeier nahm das Interesse evangelischer Gruppen sowie bürgerlicher Kreise am Todesort der Offiziere und Widerstandskämpfer weiter zu.

Die Popularisierung des Gedenkens an den 20. Juli beförderte jedoch eine sehr selektive Wahrnehmung. Im öffentlichen Bewusstsein war die KZ-Gedenkstätte Flossenbürg nunmehr fast ausschließlich als Todesort der Männer des 20. Juli codiert.

Allerdings hielten in den 1970er Jahren auch andere Gruppen Gedenkfeiern oder politische Kundgebungen in Flossenbürg ab, wie die französische Association de Flossenbürg, die belgische Amicale Flossenbürg oder die Gewerkschaftsjugend. Gerade in den westeuropäischen Ländern genossen die Überlebenden der Konzentrationslager große öffentliche Anerkennung; sie und ihre Lagergemeinschaften erhielten staatliche Unterstützung. Ganz anders in vielen osteuropäischen Ländern, vor allem der Sowjetunion, wo die Überlebenden der Lager nach ihrer Heimkehr oft der Kollaboration mit den Deutschen verdächtigt wurden. Einige von ihnen erfuhren dort erst in den 70er Jahren eine symbolische Würdigung, manchen blieb sie gänzlich verwehrt.
Hinzu kamen in diesen Ländern die eingeschränkten Reisemöglichkeiten. Sie führten dazu, dass die Mehrheit der ehemaligen Häftlinge des KZ Flossenbürg, eben jene aus den Ländern des Ostblocks, die KZ-Gedenkstätte Flossenbürg nicht besuchen konnte. Die Präsenz von Erinnerungsgemeinschaften vor Ort beschränkte sich daher weitestgehend auf westeuropäische und bundesdeutsche Vereinigungen. Dennoch deutete sich Ende der 1970er Jahre eine neue Qualität und Pluralisierung der Erinnerungspflege in Flossenbürg an.

Jörg Skriebeleit

Selektives Erinnern 1970–1980

Bundeskanzler Willy Brandt kniet am Denkmal für die Opfer des Aufstandes im Warschauer Ghetto
7. Dezember 1970
ullstein bild, Foto: Sven Simon

1975

1969: Albert Speer, Erinnerungen
Die Memoiren des ehemaligen Rüstungsministers werden ein Bestseller. Speer beschreibt sich als „anständigen" Techniker, der von den Massenverbrechen des NS-Regimes angeblich nichts wusste.

1979: TV-Serie „Holocaust"
Die Geschichte von der Verfolgung und Ermordung der jüdischen Familie Weiß erschüttert ein Millionen-Publikum. „Holocaust" wird in der Bundesrepublik zum Wort des Jahres gewählt.

Alltagsszene in Potsdam, DDR
7. August 1978
picture alliance / dpa

Anti-Atomkraft-Demonstration, Hannover
31. März 1979
picture alliance / dpa

1979: Besuch von Sandro Pertini in Flossenbürg
Der italienische Präsident gedenkt seines verstorbenen Bruders. Sein Begleiter Franz Josef Strauß besucht dabei als erster bayerischer Ministerpräsident eine KZ-Gedenkstätte.

Impressionen aus Flossenbürg
Anlässlich des 35. Todestages von Dietrich Bonhoeffer und Wilhelm Canaris dreht der Bayerische Rundfunk 1970 eine Reportage über das KZ Flossenbürg, den Ort und die Gedenkstätte.

Bayerischer Rundfunk, München

Ortsmitte von Flossenbürg

Gastwirtschaft im früheren SS-Casino

Siedlungshäuser auf dem früheren Lagergelände

Rest des ehemaligen Arresthaus, Gedenkstätte

Ehemaliges Krematorium, Gedenkstätte

Sozialwohnungen in der früheren Kommandantur

Industriegelände auf dem ehemaligen Appellplatz

Granitabbau im ehemaligen KZ-Steinbruch

Selektives Erinnern 1970–1980

Ermittlungen der „Zentralen Stelle" zu Außenlagern des KZ Flossenbürg, 1965 bis 1995
KZ-Gedenkstätte Flossenbürg

Markierungen der Außenlager-Orte:
- ■ keine Verfahren eröffnet
- ■ Verfahren eingestellt
- ■ Verfahren mit Verurteilung beendet

TÄTER

SPÄTE ERMITTLUNGEN

1958 wird die „Zentrale Stelle der Landesjustizverwaltungen zur Aufklärung nationalsozialistischer Verbrechen" in Ludwigsburg eingerichtet. 1965 nimmt sie im In- und Ausland umfangreiche Ermittlungen zum KZ Flossenbürg und seinen Außenlagern auf. Aufgrund dieser Vorarbeiten kann die Staatsanwaltschaft häufig Anklage erheben. Zu Verurteilungen kommt es jedoch selten. Bis auf Mord sind alle Straftaten verjährt. Zudem sind die Täter häufig nicht auffindbar oder bereits verstorben.

Karteikasten und Karten aus der „Zentralen Stelle", 1960er Jahre
Die „Zentrale Stelle" sammelt ihre Informationen in einer Zentralkartei. Diese umfasst Tatorte sowie Personen und Einheiten, die an Verbrechen gegen Zivilisten beteiligt waren. Sie verschafft den Ermittlern eine Übersicht über die komplexen Verbrechen.
KZ-Gedenkstätte Flossenbürg

Selektives Erinnern 1970–1980

ORT

GRUSS AUS FLOSSENBÜRG

In den 1970er Jahren glaubt die Gemeinde, ihre NS-Vergangenheit überwunden zu haben. Sie präsentiert sich selbstbewusst als Erholungsort. Dieses Bild wird durch das ehemalige Konzentrationslager kaum beeinträchtigt. Fremdenverkehrsprospekte zeigen die Gedenkstätte als universellen Kriegsgräberfriedhof.

Ansichtskarten von Flossenbürg, 1960er und 1970er Jahre
KZ-Gedenkstätte Flossenbürg

ERINNERUNG

IKONE DIETRICH BONHOEFFER

Der Theologe Dietrich Bonhoeffer ist einer der wenigen konsequenten Gegner Hitlers innerhalb der evangelischen Kirche. Er wird am 9. April 1945 im Arresthof des KZ Flossenbürg ermordet. 1964 interveniert der örtliche evangelische Pfarrer mit Verweis auf die Bedeutung Bonhoeffers erfolgreich gegen den vollständigen Abriss des ehemaligen Arrestbaus. In den 1970er Jahren wird Dietrich Bonhoeffer zu einem „evangelischen Heiligen".

rechts: Fritz Fleer, Entwurfsmodell für ein Dietrich-Bonhoeffer-Denkmal, Hamburg 1973
Das erste Denkmal für Dietrich Bonhoeffer wird 1979 an der St. Petri-Kirche in Hamburg errichtet. Die zur Faust geballte und die segnende Hand stehen für die zentralen Begriffe „Widerstand" und „Ergebung" in Bonhoeffers Theologie.
KZ-Gedenkstätte Flossenbürg

TÄTER

Karten aus der Täter-Kartei der „Zentralen Stelle", 1960er bis 1990er Jahre
Die „Zentrale Stelle" versucht, die Identität der für die KZ-Verbrechen Verantwortlichen zu ermitteln. Den meisten Verdächtigen kann keine Beteiligung an der Ermordung von Häftlingen nachgewiesen werden. Die Ermittlungen müssen daher oft ergebnislos eingestellt werden.
Bundesarchiv Ludwigsburg

Selektives Erinnern 1970–1980

ORT

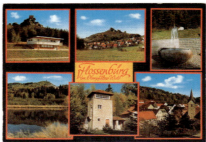

ERINNERUNG

GEDENKEN AN DIETRICH BONHOEFFER

Nach dem Krieg entstehen zahlreiche Denkmäler, die an den evangelischen Theologen Dietrich Bonhoeffer erinnern.

Flossenbürg, 1953
Bonhoeffer-Gedenktafel, Evangelische Kirche
KZ-Gedenkstätte Flossenbürg

ÜBERLEBENDE

BEGRENZTE ANERKENNUNG

Viele Überlebende erhalten nach ihrer Rückkehr in die Heimat eine offizielle Auszeichnung. Vor allem der Widerstand gegen das NS-Regime wird gewürdigt. Das erlittene Unrecht der KZ-Haft allein ist hingegen kein Grund für eine Ehrung. Einige Länder unterstellen ehemaligen Häftlingen sogar, mit dem NS-Staat kollaboriert zu haben. Statt Anerkennung zu finden, müssen die Verfolgten mit erheblichen Nachteilen leben.

Nach seiner Befreiung kehrt Sergej Rybalka in die Sowjetunion zurück. Dort wird er – wie alle KZ-Überlebenden – der Kollaboration verdächtigt:
„Ich wurde wie ein unerwünschtes Element betrachtet. Die KGB-Behörde hat mich alle drei Tage verhört: „Wo warst du? Was hast du gemacht? Du hast für die Deutschen gearbeitet!" Ich bekam nicht die Stellen, die ich wollte, durfte keine Ausbildung machen. Das war Diskriminierung. Das war schrecklich."
Viele Jahre später erhält Sergej Rybalka die Medaille „Kämpfer gegen den Faschismus" als einzige Anerkennung.

TÄTER

Berlin (DDR), 1956
Gedenkstein, Dorotheenstädtischer Friedhof
Privatbesitz

London, 1959
Dietrich-Bonhoeffer-Kirche
KZ-Gedenkstätte Flossenbürg

Berlin (DDR), 1959
Gedenktafel, Zionskirche
Privatbesitz

Ordensspange von Henri Margraff, 1962–2005
Der ehemalige Flossenbürger Häftling Henri Margraff erhält im Laufe seines Lebens mehrere hohe Auszeichnungen für seine Beteiligung am Widerstand. Kämpfer der Résistance genießen in Frankreich ein hohes Ansehen.
Leihgabe Nicole Margraff, Paris

Selektives Erinnern 1970–1980

ORT

ERINNERUNG

Gedenk-Briefmarke, 1964
Privatbesitz

Köln, 1965
Dietrich-Bonhoeffer-Kirche
KZ-Gedenkstätte Flossenbürg

Flossenbürg, 1970
Hinrichtungsstätte Bonhoeffers
KZ-Gedenkstätte Flossenbürg

ÜBERLEBENDE

PILGERFAHRTEN DER ASSOCIATION DE FLOSSENBÜRG

Seit 1948 gedenken französische Überlebende und Angehörige an verschiedenen Orten der Opfer des KZ Flossenbürg.

KZ-Gedenkstätte Flossenbürg, 1953
Association de Flossenbürg, Paris

KZ-Gedenkstätte Flossenbürg, 1960

TÄTER

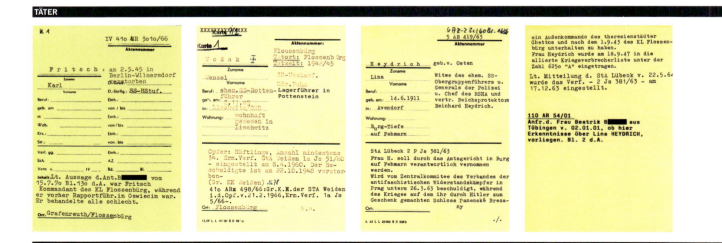

Berlin (DDR), 1976
Denkmal, Humboldt-Universität
Privatbesitz

Hamburg, 1979
Denkmal, St. Petri-Kirche
KZ-Gedenkstätte Flossenbürg

Ansbach, 1988
Denkmal, Bonhoeffer-Hof
KZ-Gedenkstätte Flossenbürg

KZ-Gedenkstätte Flossenbürg, 1960

Johanngeorgenstadt (DDR), ehemaliges Außenlager, 1964

Hradišťko (ČSSR), ehemaliges Außenlager, 1972

Selektives Erinnern 1970–1980

ORT

  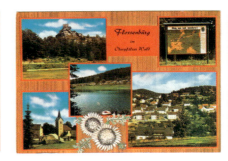

ERINNERUNG

Berlin (West), 1988
Gedenktafel, Bonhoeffer-Haus
KZ-Gedenkstätte Flossenbürg

Fanö (Dänemark), 1994
Gedenkstein
Privatbesitz

Berlin, 1995
Glasfenster, St. Johannes-Basilika
KZ-Gedenkstätte Flossenbürg

ÜBERLEBENDE

KZ-Gedenkstätte Flossenbürg, 1974

Flossenbürg, Steinbruch, 1976

KZ-Gedenkstätte Flossenbürg, 1979

TÄTER

   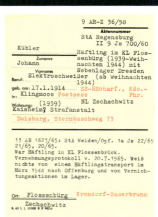

 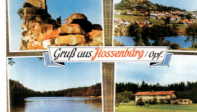 

Berlin, 1997
Bonhoeffer-Denkmal, Zionskirche
Landesarchiv Berlin

London, 1998
Statue, Westminster Abbey
Privatbesitz

Wrocław (Polen), 1999
Denkmal, St. Elisabeth-Kirche
Privatbesitz

Vrchotovy Janovice (ČSSR), ehemaliges
Außenlager, 1980

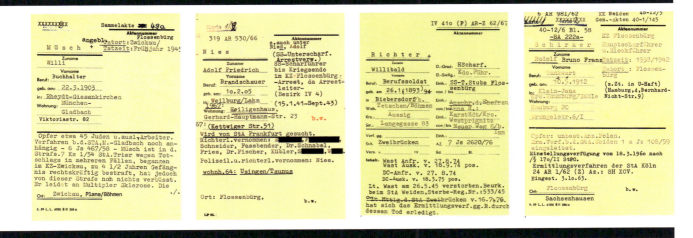

Selektives Erinnern 1970–1980

ORT

ERINNERUNG

Berlin, 2002
Bonhoeffer-Büste, Staatsbibliothek
Privatbesitz

Schönberg, 2005
Bonhoeffer-Gedenktafel
Privatbesitz

Flossenbürg, 2005
Büste, Kapelle der KZ-Gedenkstätte
KZ-Gedenkstätte Flossenbürg

TÄTER

 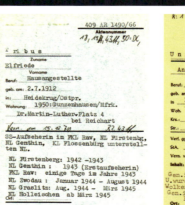 

Hunderte Straßen, Schulen und Kirchen sind nach Bonhoeffer benannt
Privatbesitz

1980–1995
UMSTRITTENE WIEDERENTDECKUNG

Die 1980er und 1990er sind Jahre des gesellschaftlichen Aufbruchs und politischen Umbruchs. Trotz historischer Einschnitte wie dem Zusammenbruch des Sozialismus und der deutschen Einheit bleibt die NS-Vergangenheit ein aktuelles Thema. Vielerorts wächst das Interesse für die dunklen Seiten der Heimatgeschichte. In Flossenbürg vernachlässigt die Gemeinde die ungeliebten Reste des ehemaligen Lagergeländes.

Ehemaliger Eingang zum Häftlingslager, 1980er Jahre
Association de Flossenbürg

NATO-Doppelbeschluss, Waldsterben, AIDS, Massenarbeitslosigkeit, Tschernobyl – diese Schlagworte stehen für eine Endzeitstimmung, die in den 1980er Jahren vor allem in Europa um sich greift. Das enorme Wirtschaftswachstum der Nachkriegsjahrzehnte stößt an seine Grenzen, in vielen Industriezweigen werden Zehntausende Arbeitsplätze abgebaut. Die Folgen von Techniknutzung und Umweltzerstörung werden überall sichtbar. Der Überwachungsstaat aus George Orwells Roman „1984" scheint Gestalt anzunehmen. Zudem erschüttern Skandale wie der um die Parteispenden des Industriellen Flick das Vertrauen in die Politik.

So formiert sich in West und Ost wachsender gesellschaftlicher Protest. In vielen europäischen Ländern beteiligen sich Mitglieder der Friedens- und der Anti-Atomkraft-Bewegung an der Gründung grüner Parteien. Unter dem Motto „Schwerter zu Pflugscharen" wenden sich Friedensaktivisten in der DDR gegen die Aufrüstung. In Polen gründet sich die Solidarność als erste freie Gewerkschaft. Ende der 1980er Jahre propagiert der sowjetische Staats- und Parteichef Michail Gorbatschow mit den Schlagwörtern „Glasnost" (Öffnung) und „Perestroika" (Umbau) eine Reform des kommunistischen Systems. Die meisten sozialistischen Regime gehen jedoch massiv gegen Kritiker vor, wie im Juni 1989 die brutale Niederschlagung von Protesten auf dem Platz des Himmlischen Friedens in Peking zeigt.

Im Gegensatz zu den 1980ern ist die erste Hälfte der 1990er Jahre weitgehend von historischer Euphorie gekennzeichnet, von einem häufig chaotischen, vor allem aber hoffnungsvollen Aufbruch. Das Ende des Kalten Krieges, großteils friedliche Revolutionen in Osteuropa und die deutsche Einheit prägen diese Periode. Der Rüstungswettlauf endet mit dem Kollaps der Sowjetunion – die USA bleiben als einzige Weltmacht übrig.

In Deutschland zeigt sich nach anfänglicher Begeisterung, dass nicht so schnell zusammenwächst, was zusammengehört. Die marode DDR-Wirtschaft wird von der Treuhand abgewickelt. Die Kluft zwischen „Wessis" und „Ossis" bleibt zunächst groß. Wachsender Fremdenhass führt in den neuen, aber auch in den alten Bundesländern zu zahlreichen Anschlägen auf Asylbewerber und Immigranten.

GESCHICHTSPOLITISCHE KONTROVERSEN

Angesichts der globalen Umbrüche ließe sich vermuten, dass die NS-Vergangenheit in dieser Zeit eine marginale Rolle gespielt hat. Das Erbe des Nationalsozialismus war jedoch weder vergessen noch abschließend aufgearbeitet. Im Gegenteil: Während der Verhandlungen über die deutsche Einheit artikulierten sich auf europäischer Ebene noch einmal alte Ängste vor einem gewachsenen Deutschland in der Mitte des Kontinents. Nach der Wiedervereinigung entstand eine gewisse Konkurrenzsituation dadurch, dass die Opfer von Stalinismus und Sozialismus angemessene Unterstützung und Gehör einforderten. Die Bundesregierung unter Bundeskanzler Helmut Kohl bemühte sich, ein positives nationales Selbstbild zu erzeugen, das die Erinnerung an die Opfer beider Diktaturen integrierte.

In den 1980er Jahren betrieben die Bundesrepublik und die DDR noch eine jeweils eigene, aktive Geschichtspolitik. Diese konzentrierte sich auf markante Daten wie den 40. Jahrestag des Kriegsendes am 8. Mai 1985 und den 50. Jahrestag der Reichspogromnacht.
In Ost-Berlin wurde im November 1988, 50 Jahre nach ihrer Zerstörung, der Grundstein für den Wiederaufbau der Synagoge in der Oranienburger Straße gelegt. Die DDR-Führung erhoffte sich davon einen beschleunigten Aufbau diplomatischer Beziehungen zu Israel. Im Westen initiierte Bundeskanzler Helmut Kohl das Haus der Geschichte der Bundesrepublik in Bonn, dessen kritisierte Dauerausstellung mit der „Stunde Null" des Kriegsendes begann. Historische Vergleiche sorgten für kontroverse öffentliche Debatten. So die provozierende Aussage des CDU-Generalsekretärs Heiner Geißlers, der Pazifismus der 1930er Jahre habe Auschwitz erst möglich gemacht. Auch politische Symbolhandlungen verursachten unbeabsichtigt Skandale. Das bekannteste Beispiel ist der gemeinsame Besuch von US-Präsident Ronald Reagan und Bundeskanzler Helmut Kohl auf dem Soldatenfriedhof in Bitburg, wo unter anderem Angehörige der Waffen-SS beigesetzt waren. Bereits im Vorfeld hatte die amerikanische Öffentlichkeit zumindest einen ergänzenden Besuch einer KZ-Gedenkstätte gefordert, der die Staatschefs nach Bergen-Belsen führte.

Erst die international beachtete Rede von Bundespräsident Richard von Weizsäcker zum 40. Jahrestag des Kriegsendes rückte die deutsche Verantwortung für die NS-Verbrechen in den Vordergrund. Zugleich bekräftigte von Weizsäcker, dass der Sieg der Alliierten den Deutschen nicht die Niederlage, sondern die Befreiung gebracht habe.

Sehr konkret wurde die NS-Zeit auf lokaler und regionaler Ebene untersucht. Dafür sorgten bürgerschaftliche Initiativen und das wachsende Interesse gerade jüngerer Menschen. Der Geschichtswettbewerb des Bundespräsidenten, der 1980/81 dem Thema „Alltag im Nationalsozialismus" gewidmet war, förderte eine große Zahl engagierter Schülerarbeiten, die ihre Heimatgeschichte kritisch beleuchteten. Ein Beispiel hierfür war die Arbeit von Gerd Vanselow, dessen Publikation „Das KZ Hersbruck – größtes Außenlager von Flossenbürg" in seiner Heimatstadt starke Kontroversen auslöste. An einigen Orten entzündeten sich Streitigkeiten wegen der Würdigung von Persönlichkeiten, die an der Unterdrückung oder wirtschaftlichen Ausbeutung von KZ-Häftlingen und Zwangsarbeitern beteiligt gewesen waren. Der Entdecker der „Teufelshöhle" im oberfränkischen Pottenstein, der Geologe Hans Brand, geriet wegen seiner Beteiligung am dortigen KZ-Außenlager ins Zwielicht. Dennoch benannte der Pottensteiner Stadtrat eine Straße nach ihm.
Im Streit um die Täter gerieten neben Angehörigen des NS-Verfolgungsapparats auch Unternehmen in den Blick der Öffentlichkeit. So zog die Diskussion um die Rolle von Daimler-Benz während der NS-Zeit zahlreiche Studien zur Zwangsarbeit nach sich. Die vermeintlich „kleinen Fische" unter den Tätern waren stillschweigend in ein ziviles Umfeld zurückgekehrt und verbrachten ihren Lebensabend geruhsam, ohne sich – etwa im Rahmen strafrechtlicher Verfolgung – mit ihrer Vergangenheit auseinandersetzen zu müssen.

In ihrem Schweigen unterschieden sich die Täter signifikant von den Überlebenden. Deren Stimmen fanden in den 1980er Jahren vermehrt Gehör, oft im Rahmen der aufkommenden „oral history", die sich mit der mündlich überlieferten Geschichte beschäftigte. Das Interesse junger Menschen an den Lebensberichten ehemaliger KZ-Häftlinge und anderer Verfolgter stieg deutlich an. Dies förderte bei vielen Überlebenden die Bereitschaft, über ihre Biografie zu sprechen. Nachdem in der Nachkriegszeit niemand ihre Geschichten hören wollte, hatten die meisten jahrzehntelang über die erlittenen physischen und psychischen Schäden durch die KZ-Haft geschwiegen. Ab den späten 1980er Jahren widmeten sich zahlreiche Interview-Projekte der systematischen Befragung von Holocaust-Überlebenden. Unter anderem gründete der Regisseur Steven Spielberg die weltweit aktive Shoah Foundation. Diese finanzierte er aus dem Erlös seiner Roman-Verfilmung „Schindlers Liste", die zu einem internationalen Kino-Erfolg geworden war.

ENTDECKUNG DER HISTORISCHEN ORTE

Mit dem wachsenden Interesse gerieten die historischen Orte des Nationalsozialismus in den Fokus der Öffentlichkeit. Eine Reihe von Initiativen widmete sich der Sicherung und dem angemessenen Umgang mit baulichen Spuren. 1987 machte die Ausstellung „Topographie des Terrors" die jahrelang verschütteten Überreste des früheren Reichssicherheitshauptamts in der Nähe der Berliner Mauer sichtbar. In Bergen-Belsen wurde die Gedenkstätte erweitert, in Neuengamme bei Hamburg hingegen wurde ein Großteil des ehemaligen Lagergeländes weiterhin als Haftanstalt genutzt.

In der DDR war der Umgang mit historischen Relikten stets eine staatliche Aufgabe und Mittel zu politischen Zwecken. Die ehemaligen KZ-Standorte Buchenwald, Sachsenhausen und Ravensbrück waren als Nationale Mahn- und Gedenkstätten Symbolorte eines staatlich gepflegten Antifaschismus. Dieser verlor mit dem Scheitern des Sozialismus seine Grundlage. Die bislang angebotenen Darstellungen von Verfolgung und Widerstand erschienen überholt, zumal sie die Nachnutzung der Lager und Gefängnisse als Haftstätten („Speziallager") verschwiegen. Nach und nach wurden die dortigen Ausstellungen überarbeitet.

Die Gedenkstätte Flossenbürg war von derartigen Entwicklungen noch weit entfernt. In den 1970er und 1980er Jahren wurde sie wiederholt Ziel von Schändungen. Die unbekannten Täter hinterließen antisemitische und revisionistische Parolen. Ausgelöst durch das neue gesellschaftliche Interesse und aufgeschreckt durch die Schändungen, entdeckten neben Häftlingsverbänden und politischen Parteien nun auch neue Gruppen den Erinnerungsort Flossenbürg: So gedachten etwa Vertreter der Sinti und Roma und Verbände der Homosexuellen bei ihren Besuchen in Flossenbürg insbesondere der Opfergruppen, die lange Zeit vergessen worden waren.

Die zuständige Bayerische Schlösserverwaltung begnügte sich aber weiterhin mit der Pflege einer Grünanlage und betonte die Funktion des Friedhofs. Das einzige Zugeständnis an das wachsende öffentliche Interesse war eine kleine Dokumentationsausstellung, die 1984 im ehemaligen Arrestgebäude eröffnet wurde. Autor der Ausstellung war der Weidener Journalist Toni Siegert, der die Geschichte des KZ Flossenbürg im Rahmen des Projekts „Bayern in der NS-Zeit" erstmals gründlich erforscht hatte. Die baulichen Relikte des Lagers außerhalb der Gedenkstätte wurden weiterhin wirtschaftlich genutzt und nicht als schützenswert erachtet. Der historische Ort des ehemaligen Konzentrationslagers wurde weitgehend der gezielten Vernachlässigung preisgegeben.

Ulrich Fritz

Umstrittene Wiederentdeckung 1980–1995

1985: Bitburg-Affäre
Zum 40. Jahrestag des Kriegsendes besucht Bundeskanzler Helmut Kohl mit US-Präsident Ronald Reagan den Soldatenfriedhof in Bitburg. Es kommt zum Skandal, weil dort auch SS-Angehörige beigesetzt sind.

1988: Wiederaufbau der Neuen Synagoge
Nach langem Drängen der Jüdischen Gemeinde in Ost-Berlin beschließt die DDR-Führung den Wiederaufbau der Neuen Synagoge. Sie erhofft sich die Aufnahme diplomatischer Beziehungen mit Israel.

Kundgebung der polnischen
Gewerkschaft Solidarność
1. Januar 1980
getty images, Foto: Bernard Gottfryd

1985

Militärparade zum 40jährigen Bestehen der DDR, 7. Oktober 1989
picture alliance / dpa

1993: Denkmal in der Neuen Wache Berlin
Bundeskanzler Kohl widmet das von der DDR errichtete „Mahnmal für die Opfer des Faschismus und Militarismus" zur gesamtdeutschen Gedenkstätte für alle Kriegsopfer um.

1993: Steven Spielberg, Schindlers Liste
Der Film basiert auf der Geschichte des Unternehmers Oskar Schindler, der 800 jüdische Zwangsarbeiter rettete. Die Hollywood-Produktion findet weltweit ein Millionenpublikum.

**Fall der Berliner Mauer
10. November 1989**
bpk

Umstrittene Wiederentdeckung 1980–1995

Aktive Vernachlässigung
Jahrzehntelang werden weite Teile des früheren KZ-Geländes systematisch umgenutzt, gezielt zerstört oder bewusst vernachlässigt. Spuren des Lagers sind kaum noch sichtbar.

Alle Aufnahmen: 1980er Jahre
*KZ-Gedenkstätte Flossenbürg
und Association de Flossenbürg, Paris*

Ehemaliges Lagergelände

Ehemaliges SS-Casino

Ehemaliger Lagereingang

Ehemaliger Appellplatz und Häftlingsküche

Ehemalige Wäscherei

„Tal des Todes"

Umstrittene Wiederentdeckung 1980–1995

ORT

DOKUMENTATION AM RANDE

In den 1980er Jahren mehren sich die Beschwerden über den Zustand der Gedenkstätte. Bemängelt werden der parkähnliche Charakter und das Fehlen historischer Informationen. Nach anfänglicher Weigerung, in der Gedenkstätte eine Ausstellung zur Lagergeschichte einzurichten, reagiert die Bayerische Schlösserverwaltung schließlich auf die anhaltende öffentliche Kritik. Anlässlich des 40. Jahrestages der Befreiung wird im ehemaligen Arrestbau eine kleine Ausstellung eingerichtet.

Hinweisschild „Grab- und Gedenkstätte Flossenbürg" der Bayerischen Verwaltung der staatlichen Schlösser, Gärten und Seen, 1970er Jahre
Die Schlösserverwaltung führt die Bezeichnung Grab- und Gedenkstätte ein. So wird die Funktion des Friedhofs betont. Vor allem aber vermeidet die zuständige Behörde damit den Hinweis auf das ehemalige Konzentrationslager.
KZ-Gedenkstätte Flossenbürg

rechts: Übersichtstafel der „Grab- und Gedenkstätte Flossenbürg", Bayerische Verwaltung der staatlichen Schlösser, Gärten und Seen, 1984
KZ-Gedenkstätte Flossenbürg

TÄTER

SCHÄNDUNGEN

In den 1970er und 1980er Jahren werden wiederholt Einrichtungen geschändet, die an KZ-Opfer erinnern. Unbekannte Täter beschmieren in der Gedenkstätte Flossenbürg Wände und Wege mit Parolen und Nazi-Symbolen.
Ziel der Angriffe sind auch zwei jüdische Holocaust-Überlebende: Simon Wiesenthal, der nach NS-Verbrechern fahndet, und Heinz Galinski, Vorsitzender des Zentralrats der Juden in Deutschland.

„Hinweg mit Gedenkstätten für Volksfeinde",
Gedenkstätte Flossenbürg,
Eingang zur Kapelle, April 1983
KZ-Gedenkstätte Flossenbürg

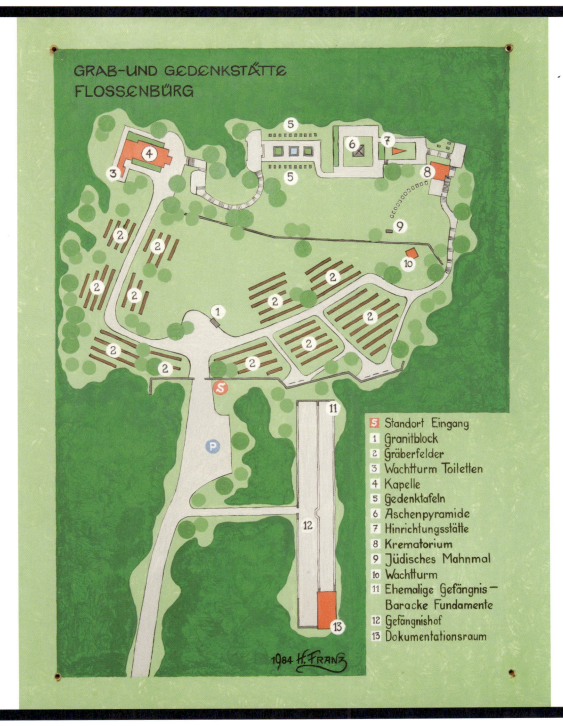

Schändungen im „Tal des Todes"

Umstrittene Wiederentdeckung 1980–1995

Toni Siegert, 30.000 Tote mahnen!, Weiden 1984
Der Journalist Toni Siegert veröffentlicht die
erste historische Studie über das KZ Flossenbürg.
Diese erfährt große öffentliche Resonanz.
KZ-Gedenkstätte Flossenbürg

**Gerd Vanselow, KZ Hersbruck. Größtes Außenlager
von Flossenbürg, Hersbruck 1983**
Im Geschichtswettbewerb des Bundespräsidenten
gewinnt der Schüler Gerd Vanselow einen Preis.
Sein Buch löst in Hersbruck heftige Debatten über das
Verhältnis der Stadt zum ehemaligen Außenlager aus.
KZ-Gedenkstätte Flossenbürg

ERINNERUNG

WIEDERENTDECKUNG

In der Bundesrepublik nimmt das öffentliche Interesse
an der NS-Vergangenheit in den 1980er Jahren erheblich
zu. Lokale Initiativen erforschen ihre bislang tabuisierte
Heimatgeschichte. Auch der lange Zeit verdrängte
KZ-Komplex Flossenbürg wird wiederentdeckt. Die
Besucherzahlen der Gedenkstätten steigen. Eine Vielzahl
gesellschaftlicher Gruppen pflegt nun die Erinnerung an
die Opfer.

**rechts: Kranzschleifen aus der KZ-Gedenkstätte Flossenbürg,
1983–1995**
Viele Gruppen entdecken Flossenbürg ab den 1980er
Jahren wieder: Gewerkschafter, Homosexuelle, Verbände
der Sinti und Roma, Schulen, Parteien und internationale
Delegationen.
KZ-Gedenkstätte Flossenbürg

TÄTER

Ehemaliges Krematorium   Ehemaliger Arrestbau

Umstrittene Wiederentdeckung 1980–1995

Hungerstreik von Sinti und Roma in Dachau

Mit einem Hungerstreik in der KZ-Gedenkstätte Dachau machen Sinti und Roma auf ihre fortwährende Diskriminierung aufmerksam. Es beteiligen sich auch ehemalige Häftlinge des KZ Flossenbürg.

Norddeutscher Rundfunk, Hamburg und Dokumentations- und Kulturzentrum Deutscher Sinti und Roma, Heidelberg

Die „Tagesschau" berichtet am 4. April 1980.

Sinti und Roma verlangen ihre Anerkennung als NS-Verfolgte.

Sie gedenken der als „Zigeuner" Verfolgten.

Der Hungerstreik findet weltweit Beachtung. Jakob Bamberger, einer der Hungerstreikenden, war Häftling im KZ Flossenbürg.

Umstrittene Wiederentdeckung 1980–1995

Gedenktafel für Hans Brand, Foto 1992
Bereits 1961 würdigt Pottenstein seinen
Ehrenbürger mit einer Gedenktafel am Eingang
der Teufelshöhle. 1992 wird die Tafel von
Unbekannten entfernt.
Privatbesitz

TÄTER

VERDRÄNGTE SCHULD

Seit den 1980er Jahren wächst das gesellschaftliche
Interesse an den NS-Verbrechen und den dafür Verantwortlichen. Vielerorts entwickeln sich Kontroversen
über die Rolle angesehener Bürger während des
Nationalsozialismus.
Im fränkischen Pottenstein wird Kritik an der Verehrung
des Tourismus-Pioniers Hans Brand laut. In den
1990er Jahren decken Lokalhistoriker auf, dass sich
der ehemalige SS-Offizier aktiv für die Errichtung eines
Außenlagers des KZ Flossenbürg in Pottenstein
eingesetzt hatte.

rechts: Artikel aus der Jüdischen Allgemeinen Zeitung,
27. August 1992
Die Diskussion um Hans Brand erregt überregionales Aufsehen.
Die Stadt Pottenstein fürchtet um ihren Ruf als Urlaubsort.
Mit der Errichtung eines weiteren Gedenksteins will sie die
Debatte beenden.
Archiv Jüdische Allgemeine, Berlin

Hans Brand, der „Förderer des Fremdenverkehrs“ in der Fränkischen Schweiz, benutzte Häftlinge für Bauarbeiten / Touristen interessiert das überhaupt nicht

„Sollten die KZ'ler das Maul nicht halten, stopf ich's ihnen“

In der Urlaubs-Idylle von Pottenstein will man nichts wissen vom Dritten Reich

Von Bernd Siegler

Pottenstein, im Herzen der Fränkischen Schweiz, in der Mitte zwischen der Dürer-Stadt Nürnberg und der Wagner-Stadt Bayreuth. Schmucke Fachwerkhäuser, bizarre Felsformationen, prächtige Mühlen und gruselige Höhlen, herrliche Mischwälder, forellenreiche Bäche und Seen. Das „Bilderbuch-Urlaubsgebiet“ versprechen die Fremdenverkehrsprospekte zu Recht - und mit Erfolg. Aus ganz Deutschland strömen die Touristen in das Idyll, vor allem, wenn jährlich am 6. Januar viele tausend Feuer und Lichter auf den umliegenden Höhen zum traditionellen Fest der „Erscheinung des Herrn“ das ganze Tal beleuchten. Insgesamt 250.000 Übernachtungen im Jahr lassen in der 5.000 Einwohner zählenden Kleinstadt die Kassen klingeln.

Stadtverwaltung und Einwohner von Pottenstein glauben zu wissen, wem sie den Wohlstand zu verdanken haben. „In Verehrung und Dankbarkeit“ haben sie dem 1959 verstorbenen Professor Hans Brand, dem „unermüdlichen Förderer des Fremdenverkehrs“, am

Der Würdigungen genug

Eingang der größten Touristenattraktion, der Teufelshöhle, eine Gedenktafel gewidmet. Die Fremdenverkehrsprospekte würdigen des Professors touristische Errungenschaften zur Genüge: Vom St.-Elisabeth-Brunnen auf dem Marktplatz über den Schöngrundsee, das Felsenbad, mehrere Straßenbauten bis hin zur Teufelshöhle. Das zweite Gesicht des ehrenwerten Professors interessiert in Pottenstein dagegen niemanden. Immerhin war Hans Brand nicht nur Chef eines in Pottenstein stationierten SS-Bataillons. Dank seiner guten Beziehungen zum Reichsführer-SS Heinrich Himmler holte er ein Außenlager des KZ Flossenbürg in die kleine Gemeinde.

Theodor Dippold, Chef des örtlichen Fremdenverkehrs, ist es gewohnt, täglich Dutzende von Anfragen der Erholungsuchenden zu beantworten. Fragen nach dem KZ-Außenlager in Pottenstein mag dagegen der Verkehrsamtschef überhaupt nicht. „Wir sind doch nicht in Dachau oder Auschwitz, einmal muß Schluß sein mit der Vergangenheit.“ Insbesondere auf den Professor Brand will Dippold nichts kommen lassen. Der sei zwar Chef der SS-Einheit gewesen, aber trotzdem ein „Mensch mit Herz“. Auch Pottensteins jetziger Bürgermeister Dieter Bauernschmitt von der CSU hält große Stücke auf Brand. „Er war in erster Linie ein großer Förderer des Fremdenverkehrs von Pottenstein“, bekräftigt der Lehrer, der seit Mai 1990 als Bürgermeister amtiert. „Und was wäre denn Pottenstein ohne den Tourismus? - Nichts.“

In der Tat hat der Geologe Hans Brand mit der 1922 begonnenen Erschließung der 1,5 km langen Teufelshöhle den Grundstein für den Aufschwung Pottensteins gelegt. Jährlich bewundern 350.000 Besucher die Welt der Stalagmiten und Stalagtiten in Deutschlands größter Schauhöhle. Doch Brand war nicht nur Heimatforscher und liebte seinen Schäferhund. Er stellte sein Wissen als Geologe auch der SS zur Verfügung. 1931 wurde er zunächst Mitglied im „Stahlhelm“, 1935 trat er in die NSDAP ein und am 1. September 1939 in die SS. Schnell stieg er zum SS-Standartenführer auf. Nach eigener Aussage gehörte er zu den acht Männern, die Himmler „jederzeit telefonisch erreichen“ konnten. Im Juli 1942 bekam Brand das Kommando über das neuformierte, in Pottenstein stationierte SS-Karstwehr-Bataillon, eine Elitetruppe für die Partisanenbekämpfung im jugoslawischen Karstgebiet.

Das kann und will Bürgermeister Bauernschmitt auch nicht leugnen. Seiner Meinung nach nutzte aber Brand die SS „als Mittel zum Zweck“. Brand habe eben das Geld für weitreichende touristische Pläne, wie zum Beispiel ein Sanatorium oder ein Terrassencafé, gefehlt. „1942 ist es ihm, dem Duzfreund Himmlers, dann gelungen, Häftlinge von Flossenbürg als Arbeitskräfte zu bekommen.“ Die Häftlinge mußten Brands Pläne, für die er in Pottenstein hoch geehrt wird, umsetzen. Sie errichteten nicht nur das Barackenlager für die über tausend Mann starke SS-Eliteeinheit auf dem Bernitz, einem Berg nahe Pottenstein, sondern befreiten auch die Teufelshöhle von Lehm und Steinen, schütteten wichtige Straßen auf und bauten den Stausee, der nach Brands Plänen als Wasserübungsplatz für das SS-Bataillon vorgesehen war. Heute ist der See mit dem unverfänglichen Namen „Schöngrundsee“ ein beliebtes Ausflugsziel. Der Bootsverleih allein bringt der Stadt pro Jahr 30.000 Mark an Pacht.

Oben auf dem Bernitz, wo einst die Baracken für die SS-Eliteeinheit standen, ist heute buchstäblich Gras über die Geschichte gewachsen. Nur Wanderer, die lieber querfeldein gehen und die 200 km markierten Wanderwege verlassen, wundern sich über einen Gulli mitten im Wald und ein moosbewachsenes Fundament, die Reste der damaligen Küchenbaracke. Noch im Februar 1945 plante Brand einen 171 Meter langen „Luftschutzstollen für Unterkünfte des SS-Karstwehr-Bataillons“ von Bernitz aus zum gegenüberliegenden Hang und untersuchte die Teufelshöhle auf ihre Tauglichkeit als unterirdische Produktionsstätte oder als Zufluchtsstätte für die Oberste Heeresleitung. Bis zuletzt glaubte der Professor an den Endsieg, und bis zuletzt wurden von der Pottensteiner Bauleitung der Waffen-SS neue Häftlinge aus Flossenbürg angefordert, um den von der SS-Spitze geforderten „schnelleren Baufortschritt“ einzuhalten. In ihrem Kameradschaftsblatt „Der Freiwillige“ betrauerten die ehemaligen Waffen-SS-Soldaten den Tod des Professors als „Tod eines ihrer Besten“. Der SS-Standartenführer sei ein „gütiger, seiner Idee hingegebener Führer“ gewesen. „Er ist heimgegangen zur großen Armee, sein Wille zu formen und zu gestalten aber lebt weiter.“

1935 bekam Brand von der Stadt Pottenstein die Ehrenbürgerwürde verliehen. Kurz nach Kriegsende wurde sie ihm wieder aberkannt. Als wenig später der Pottensteiner Stadtrat einstimmig beschlossen hatte, ihm den Titel wieder anzutragen, lehnte der Professor beleidigt ab. Für Altbürgermeister Hans Körber wäre Brand noch heute ein würdiger Ehrenbürger. „Das steht doch außer Frage“, findet das einstige Stadtoberhaupt, das 18 Jahre lang, von 1971 bis 1990, an der Spitze Pottensteins gestanden hat. Körber war Nachfolger von Hans Dippolt, dem Vater des Verkehrsvereinschefs. Obwohl Dippolt von der NSDAP ins Bürgermeisteramt eingesetzt wurde und von den Amerikanern nach Kriegsende zu drei Jahren Zuchthaus verurteilt worden war, hatten ihn die Pottensteiner 1950 mit über 90 Prozent wieder zum Bürgermeister gewählt. Körber ist davon überzeugt, daß Brand das KZ nur nach Pottenstein geholt hat, um sein Ziel, die „Kurstadt Pottenstein“, zu realisieren. „Brand war zweifelsohne ein Glücksfall für Pottenstein, insgesamt hat er von 1923 bis 1945 echt positive Leistungen für Pottenstein vollbracht“, läßt Körber auf seinen alten Kameraden nichts kommen. Die Beschäftigung von Häftlingen müsse man halt „unter dem Aspekt der damaligen Zeit sehen“. Außerdem habe das KZ in Pottenstein nur drei Jahre bestanden. „Historisch betrachtet sind die drei Jahre ein zu kurzer Zeitraum, um eine Urteil fällen zu können.“ Auf Körbers Initiative hin wurde eine Straße im Neubauviertel nach dem Professor benannt. „Der Hans-Brand-Ring, das ist das mindeste, was er verdient hat.“

Pottenstein: Ein „Bilderbuch-Urlaubsgebiet“, doch die Idylle trügt

Eine Gedenktafel und eine Straße für Brand, für die KZ-Insassen sucht man jedoch einen Gedenkstein vergebens. „Ein kleines Manko“, gesteht der amtierende Bürgermeister Bauernschmitt, aber in Pottenstein werde trotzdem „nichts verheimlicht und verdrängt“. Den Häftlingen sei es zudem wesentlich besser gegangen als in Flossenbürg. „Nur einige“ seien „krankheitsbedingt umgekommen“. Bauernschmitt müßte es eigentlich besser wissen. Er hat den Vortrag des Bayreuther Journalisten Peter Engelbrecht am Gymnasium in Pegnitz verfolgt und kennt daher die Ergebnisse von dessen zweijährigen Recherchen. Aus den Transportlisten von und nach Flossenbürg geht eindeutig hervor, daß 380, also mehr als die Hälfte der insgesamt 746 nach Pottenstein transportierten Häftlinge die Tortur des Lagerlebens und der Fronarbeit nicht überlebten.

Wo NS-Größen verkehrten

Die Wirtin der rustikal möblierten „Tucherstuben“ mit der preisgekrönten Weinstube in der Pottensteiner Hauptstraße, Rosi Treiber, hält Bauernschmitt schlichtweg für ein „Arschloch“, schon allein weil er sich den Vortrag in Pegnitz überhaupt angehört hat. „Die KZ'ler sind doch bestens behandelt worden“, ereifert sich die 60jährige, die Brand noch persönlich gekannt hat. Er war Stammgast im Wirtshaus ihrer Eltern und führte NS-Größen wie Heinrich Himmler, Hermann Göring und Josef Goebbels in die Pottensteiner Gesellschaft ein. Mit leuchtenden Augen und bebender Stimme schildert sie Brand als eine „Persönlichkeit“ und einen „Fanatiker“ für den Fremdenverkehr. „Der hat die KZ'ler gebraucht für den Stausee, die Höhle und die Straßen, da mußte er sich doch mit Himmler anfreunden.“ Als „gemeiner SS'ler“ hätte er doch nichts erreichen können, „so ist er eben Standartenführer geworden“, haut sie mit der Faust auf den Tisch, eilt in den ersten Stock und kehrt mit einem 60 mal 40 Zentimeter großen eingerahmten Hitler-Konterfei wieder zurück. „'Mein Kampf' haben mir die Amis weggenommen, aber für den haben's mir schon 20.000 geboten, aber nicht einmal für 40.000 geb' ich den her.“ Rosi Treiber ist in Rage. „Sollten diese KZ'ler das Maul nicht halten, dann stopf ich's ihnen“, droht sie den überlebenden Insassen des Flossenbürger Außenlagers.

Der gebürtige Tscheche Vlasta Frolik läßt sich von Rosi Treiber nicht einschüchtern. Mehr Eindruck machen auf ihn schon die Skins und Neonazis, die in den Nachrichten und Magazinsendungen über die Mattscheibe flimmern. „Vor denen habe ich Angst“, sagt der heute 70jährige mit leiser Stimme. Für ein paar Stunden in der Woche arbeitet Frolik derzeit im Kurpark, um seine spärliche Rente aufzubessern. Er war einer von 40 Häftligen aus Flossenbürg, die nach Pottenstein kamen, als das Außenlager im Oktober 1942 errichtet wurde. Bis zur Befreiung durch die Amerikaner am 15. April 1945 war Frolik im Lager. Wegen seiner Körpergröße wurde er im KZ „Piccolo“ genannt. „Viele sind gestorben vor Schwäche, viele sind verhungert, und die Arbeit hat keiner ausgehalten“, faßt er seine Zeit in Pottenstein zusammen. Häftlinge, die kurz vor dem Sterben waren, wurden zurück nach Flossenbürg transportiert. „Die waren dem Tod geweiht.“

Wo heute Auspuffbremsen für LKWs gefertigt werden, waren damals bis zu 400 Häftlinge zusammengepfercht, umgeben von Stacheldraht und Wachttürmen. Niemand in Pottenstein kann sagen, er hätte nichts gewußt. Jeden Tag zogen die Häftlinge morgens mit Gesang von der Fachwerkscheune quer durch die Stadt über den Marktplatz zu ihren Arbeitsstätten und abends wieder zurück. Busunternehmer Leo Hopf, damals neun Jahre alt, erinnert sich noch ganz genau an das Klappern der Holzschuhe auf dem Kopfsteinpflaster der Straßen. „Die hat man freilich gesehen, manche haben versucht, den Häftlingen ein Stück Brot zuzuschieben, das gelang nicht oft, die Bewachung war konsequent.“ Josef Wiegärtner will dagegen nichts gehört und nichts gesehen haben, obwohl er damals direkt gegenüber der Scheune gewohnt hat. „Ich weiß nichts, da war ich noch zu jung“, versucht er die „Gnade der späten Geburt“ für sich zu reklamieren. Darauf hingewiesen, daß er damals mit seinen 14 Jahren schon einiges mitbekommen haben müßte, wendet er ein: „Na ja, älter war ich schon, aber man ist halt nicht auf die Straße gegangen.“

Auch die meisten Touristen wollen nichts von der Vergangenheit des Ortes wissen, in dem sie Erholung suchen. Ein Rentner aus Salzburg, der gerade mit seiner Frau gemütlich über den Schöngrundsee gerudert ist, reagiert - angesprochen auf des Entstehen des Sees - mit Verdrängung. „KZ-Häftlinge, aha; ach wissen Sie, bei uns in Österreich gibt es auch schöne Seen.“

„Die Pottensteiner Bevölkerung hat damals ganz menschlich reagiert und hat deswegen keine Probleme mit der Bewältigung der Vergangenheit“, ist Bürgermeister Bauernschmitt

Schaden für die Region

felsenfest überzeugt. Er zitiert Wilhelm Geusendamm, den holländischen Lagerältesten, der seine Erlebnisse im Pottensteiner Außenlager in einem Buch niederschrieb. „Mir ist kein Ort bekannt, dessen Bewohner nach allem, was an Schercklichem während des sogenannten Dritten Reiches geschehen ist, den Kopf so hoch tragen können wie eben diese Pottensteiner“, lobt Geusendamm darin die Zivilcourage der Bevölkerung.

Bauernschmitt kann es sich deshalb überhaupt nicht vorstellen, daß es Widerstände gegen einen Gedenkstein geben könnte in Pottenstein.

Da kennt er Rosi Treiber schlecht. Für die Wirtin kommt ein Gedenkstein „nicht in Frage“. „Das schadet doch Pottenstein und der ganzen Region, wenn jetzt diese Geschichte wieder aufgerührt wird.“ „Der wäre über Nacht kaputt“ prophezeit sie, und eine Freundin, die gerade vom Einkaufen in ihrer Wirtschaft vorbeigekommen ist, geifert: „Dann kauf ich mir einen Schäferhund und führ' den jeden Tag Gassi zum Gedenkstein.“

Schon 1935 trat Hans Brand in die NSDAP ein. Nur vier Jahre später war er bereits auch Mitglied der SS. Um Pottenstein zum Kurort zu machen, benutzte er für die schweren Bauarbeiten, Häftlinge aus dem Konzentrationslager Flossenbürg.

Fotos: SoFA/Wittmann

Gedenktafel für Brand

Umstrittene Wiederentdeckung 1980–1995

Infolge von Misshandlungen durch Wachleute ist Max Edelman während seiner KZ-Haft völlig erblindet. Der Flossenbürg-Überlebende wohnt heute in Lyndhurst, Ohio. Er geht in Schulen und spricht oft zu Jugendlichen:
„Ich bin ein Beispiel für die Vergangenheit. Aber wir können nicht leben mit der Vergangenheit, wir müssen die Vergangenheit als ein Beispiel nehmen, ein besseres Morgen aufzubauen. Das ist mein Motto."

ÜBERLEBENDE

ZEUGENSCHAFT

Die meisten Überlebenden sprechen jahrzehntelang nicht über ihre Erlebnisse von Verfolgung und Haft. Erst als eine jüngere Generation Interesse an den Einzelschicksalen zeigt und Fragen stellt, brechen viele ihr Schweigen.
Persönliche Erinnerungsberichte dienen fortan als wertvolle Quelle für die historische Forschung. Ehemalige Häftlinge werden zu Zeitzeugen.

TÄTER

Gedenktafel für die Opfer des Krieges auf dem Pottensteiner Friedhof
Die 1995 angebrachte Gedenktafel erwähnt die Häftlinge des Außenlagers nur am Rande. Die Bewohner Pottensteins werden zu Samaritern stilisiert. Dadurch umgeht der Ort die Frage nach der eigenen Verantwortung.
KZ-Gedenkstätte Flossenbürg

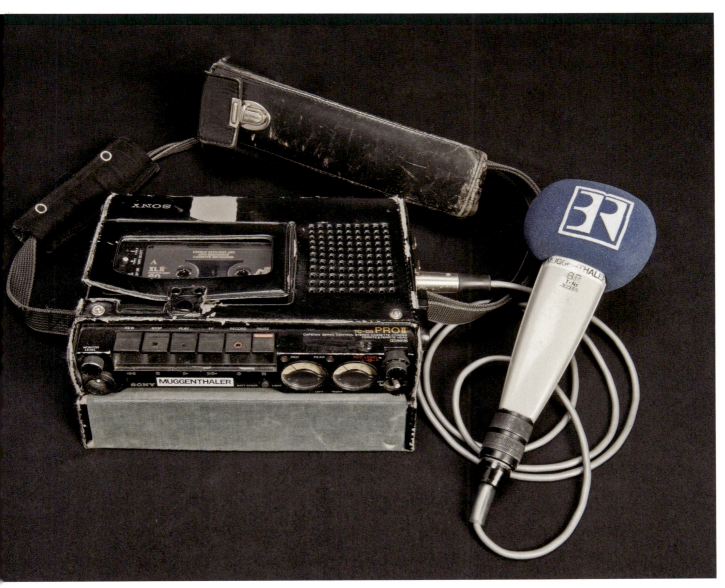

Kassettenrekorder und Mikrofon des Journalisten
Thomas Muggenthaler, 1988–2006
Seit den 1990er Jahren sucht der Journalist Thomas
Muggenthaler ehemalige Häftlinge des KZ Flossenbürg auf,
um sie zu interviewen. Aus den Gesprächen mit den
Zeitzeugen entstehen vielbeachtete Radiosendungen des
Bayerischen Rundfunks.
KZ-Gedenkstätte Flossenbürg

In einem Fernsehbeitrag von 1996 verteidigt der Pottensteiner Bürgermeister Dieter Bauernschmitt den ehemaligen SS-Standartenführer Brand:
„In erster Linie sehe ich in ihm auch wirklich den großen Förderer des Fremdenverkehrs von Pottenstein. Ihm wurde in den 30er Jahren das Ehrenbürgerrecht zugesprochen, 1945 wieder aberkannt vom Stadtrat, die Gründe sind mir nicht bekannt."

Für Alt-Bürgermeister Hans Körber ist die Würdigung von Hans Brand eine Selbstverständlichkeit:
„Dass er den Titel zu Recht geführt hat, steht ja außer Frage. Wir jedenfalls –
und das war während meiner Amtszeit – haben nun, nachdem dieses wunderschöne Siedlungsgebiet hier oben entstanden ist, einfach auch eine Straße nach ihm benannt, weil wir denken, wir haben verschiedene bekannte Leute, die Straßennamen bekamen. Das ist das Mindeste, was er verdient hat."

1995–2010
HINTERLASSENSCHAFTEN

Auch 60 Jahre nach Ende des Zweiten Weltkriegs wirkt die NS-Vergangenheit nach – ob es dabei um das neue Holocaust-Mahnmal in Berlin geht, um Zahlungen an ehemalige Zwangsarbeiter oder um Diskussionen über die vermeintliche Opfer-Rolle der Deutschen. In Flossenbürg beginnt 1995 der Aufbau einer Gedenkstätte, für die sich die Überlebenden vehement einsetzen. Das „vergessene KZ" wird jetzt erst als europäischer Erinnerungsort wahrgenommen.

Gedenktafel auf dem Berliner Wittenbergplatz, errichtet 1967
Die Tafel „Flossenbürg" wurde 1995
auf Initiative der Gemeinde Flossenbürg hinzugefügt.
KZ-Gedenkstätte Flossenbürg

Hinterlassenschaften 1995–2010

Mit dem Ende der Ost-West-Konfrontation sehen manche bereits das „Ende der Geschichte" gekommen – doch bereits Mitte der 1990er Jahre hat sich diese Einschätzung als falsch erwiesen. Zwar beschleunigt sich der europäische Einigungsprozess und ab 1999 gibt es eine gemeinsame Währung. Mit dem Zusammenwachsen der Märkte und der Vernetzung mittels neuer Computertechniken schreitet die Globalisierung unaufhaltsam voran. Dennoch bleiben Nationalismus und ethnische Konflikte gegenwärtig. Im Jahr 1995 geschieht im bosnischen Srebrenica das schwerste Kriegsverbrechen auf europäischem Boden seit 1945, bis zu 8.000 Bosnier werden ermordet. Nach mehreren Kriegen kommen die Balkanstaaten auch in den folgenden Jahren nicht zur Ruhe. Genauso wenig der Nahe Osten, wo immer wieder Gewalt aufflammt.
Eine neue, globale Konfliktlinie offenbart der Anschlag islamistischer Selbstmordattentäter auf das World Trade Center in New York im Jahr 2001. Die rigide amerikanische Anti-Terrorpolitik verlangt auch eine Positionierung von Europa. Deutschland spricht sich gegen den Präventiv-Krieg im Irak aus, beteiligt sich allerdings mit Bundeswehrtruppen am Einsatz in Afghanistan. Innenpolitisch bestimmend ist der Kampf gegen die hohen Arbeitslosenzahlen, insbesondere in den neuen Bundesländern. Globalisierungskritik von rechts und links wird stärker, als ab 2007 eine Finanzkrise die Weltwirtschaft erfasst.

Trotz der wachsenden zeitlichen Distanz nimmt das Interesse am Nationalsozialismus stetig zu. Das Jahr 1995, von der UNO offiziell als Jahr des Gedenkens an die Opfer ausgerufen, stellt dabei eine Zäsur dar. Politik und Medien, Zeitzeugen und Wissenschaftler erinnern allerorten an den 50. Jahrestag des Kriegsendes.
In Flossenbürg kommen im April ehemalige KZ-Häftlinge und ihre amerikanischen Befreier sowie Politiker, Kirchenvertreter und verschiedenste Interessengruppen zusammen. Auf Druck privater Geschichtsinitiativen, einer kirchlichen Jugendbewegung und der politischen Opposition richtet der Freistaat Bayern am 50. Jahrestag der Befreiung erstmals eine staatliche Gedenkfeier aus. Es sind in erster Linie die Überlebenden, die auf eine angemessene Erinnerungsform pochen. Im selben Jahr finden im Ort erstmals Jugendbegegnungen, kirchliche Gedenkfeiern sowie eine Kunstausstellung mit Werken ehemaliger Häftlinge statt. Außerdem wird eine jüdische Gedenkstätte eröffnet. Ein Jahr darauf stellt die Gemeinde Flossenbürg auf öffentlichen Druck einen Historiker ein, der die Geschichte des Konzentrationslagers wissenschaftlich aufarbeitet.

NEUE FORMEN DES GEDENKENS

Nun offenbart sich auch in Flossenbürg, dass die Auseinandersetzung mit dem Nationalsozialismus nach Jahrzehnten des Schweigens zu einem zentralen Element der politischen Kultur in Deutschland geworden ist. Dennoch löst das Thema nach wie vor erbitterte Debatten aus – etwa die These des Historikers Daniel Goldhagen von den Deutschen als „Hitlers willige Vollstrecker". Auch die Ausstellung „Verbrechen der Wehrmacht", die seit März 1995 durch Deutschland wandert, sorgt jahrelang für aufgeheizte Diskussionen. Neben inhaltlichen Kontroversen bleibt umstritten, welche Formen Erinnerung annehmen soll und darf. Als im Jahr 2005 das Holocaust-Mahnmal in Berlin eingeweiht wird, liegen hinter dem Projekt 15 Jahre politischer Auseinandersetzung. Lange Zeit hatte die Eingrenzung auf die jüdischen Opfer für Kontroversen gesorgt. Die fortgesetzte Separierung der verschiedenen Opfergruppen ließ höchst problematische Konkurrenzen und Hierarchisierungen befürchten. Doch die größten Schwierigkeiten bereitet letzten Endes die Frage, wie das „Denkmal für die ermordeten Juden Europas" aussehen soll. Erst nach mehreren Ausschreibungen und Modifizierungen beschließt der Bundestag 1999 den Bau. Peter Eisenmans Entwurf sieht ein „Feld der Erinnerung" aus 2.700 Betonstelen in unterschiedlicher Höhe vor und wird schließlich mit einem „Ort der Information" ergänzt.

Am wirkungsmächtigsten zeigt sich der neue Umgang mit der Vergangenheit in den Medien: Der Nationalsozialismus ist so präsent wie nie zuvor. Woche für Woche laufen im Fernsehen Dokumentationen über das Dritte Reich, die ein Massenpublikum erreichen. Das große Interesse an der NS-Geschichte geht nicht selten einher mit einer Verflachung und fehlenden historischen Bezügen. In der Forschung hingegen etabliert sich der selbstreflexive Begriff der Erinnerungskultur. Kulturwissenschaftler fragen, was warum zu welchem Zeitpunkt vergessen und erinnert wird.

Mit dem Regierungswechsel 1998 liegt die Macht zum ersten Mal bei der Generation der Nachgeborenen, die keine persönliche Erinnerung mehr an den Nationalsozialismus hat. Als Bundeskanzler Gerhard Schröder kurz nach Amtsantritt äußert, er wolle ein Holocaust-Denkmal, „zu dem man gerne geht", zeugt dies für die meisten Historiker von einem absoluten Mangel an Geschichtsbewusstsein. Die Enttabuisierung der deutschen Vergangenheit ermöglicht die Instrumentalisierung für tagesaktuelle politische Interessen: Außenminister Joschka Fischer rechtfertigt 1999 mit dem Diktum „Nie wieder Auschwitz" den Einsatz von Bundeswehrtruppen im Kosovo.

Die zahlreichen öffentlichen Gedenkakte und Denkmalsprojekte in Deutschland dienen nicht zuletzt der Selbstdarstellung und Selbstvergewisserung einer geläuterten Nation innerhalb eines wachsenden Staatenverbundes. Als Roman Herzog 1995 den 27. Januar – den Tag der Befreiung des Konzentrationslagers Auschwitz – zum Opfergedenktag erklärt, kommt es zu einer Kontroverse um das in Deutschland wenig vertraute Datum. Innerhalb weniger Jahre etabliert sich der 27. Januar jedoch in den meisten europäischen Staaten als Tag der Erinnerung an den Holocaust. Wie ein gesamteuropäisches Geschichtsbild aussehen kann, das an die nachfolgenden Generationen vermittelt werden soll, bleibt hingegen umstritten.

Mit dem anvisierten Ende der Nationalgeschichtsschreibungen drohen die Grenzen zwischen Opfern und Tätern zu verschwimmen. Als der Bund Deutscher Vertriebener 1999 in Berlin ein Projekt für ein Museum zum Schicksal der aus Osteuropa Vertriebenen vorstellt, melden sich Kritiker aus dem In- und Ausland zu Wort. Die ursprünglichen Pläne sehen vor, die Geschichte der Vertreibung der Deutschen in eine Gesamtdarstellung aller Umsiedlungen verschiedener Volksgruppen in Europa einzubetten und nehmen damit eine erhebliche Relativierung der deutschen Verantwortung vor. Die Pläne für das „Zentrum gegen Vertreibungen" werden bis heute kontrovers diskutiert und sorgen für Spannungen mit Polen und Tschechien. Ähnliche deutsche Opfernarrative zeigen sich mehr als 50 Jahre nach Kriegsende auch vermehrt im literarischen und medialen Diskurs. So thematisiert Günter Grass 2002 in seiner Novelle „Im Krebsgang" das Leid der deutschen Zivilbevölkerung während des Krieges. Neonazis versuchen die Wiederkehr des deutschen Opfergedächtnisses für ihre Zwecke zu nutzen – etwa mit Aufmärschen zum Jahrestag der Bombardierung Dresdens.

Eine indirekte Folge der deutschen Einheit sind die Zahlungen an ehemalige NS-Zwangsarbeiter für ihre Verschleppung nach Deutschland und die Ausbeutung ihrer Arbeitskraft. Ausschlaggebend für die 1998 gestartete Initiative der Bundesregierung sind vor allem wirtschaftliche Interessen. Weil Konzernen wie Siemens, Daimler, Bayer und Volkswagen Sammelklagen in Milliardenhöhe drohen, erklären sich 1999 die deutsche Wirtschaft und die Bundesrepublik bereit, jeweils fünf Milliarden DM zur Verfügung zu stellen. Die einmaligen Zahlungen werden von der neu gegründeten Stiftung „Erinnerung, Verantwortung, Zukunft" koordiniert.

Dem gegenüber stehen Prozesse gegen inzwischen greise SS-Männer und Aufseherinnen, die sich zum Teil jahrzehntelang im Ausland verbargen oder im Inland unbehelligt von jeglicher Verfolgung blieben. Eines der letzten Verfahren wird 2009 gegen John Demjanjuk eröffnet, der als SS-Wachmann auch in Flossenbürg eingesetzt war. Die Anklage gegen den gebürtigen Ukrainer lautet auf Beihilfe zum Mord in mindestens 27.900 Fällen im Vernichtungslager Sobibór.

WIEDERENTDECKUNG EINES EUROPÄISCHEN ERINNERUNGSORTES

In der ehemaligen Wäscherei des KZ Flossenbürg wird 2007 die erste umfassende wissenschaftliche Dauerausstellung eröffnet. Die Darstellung der Lagergeschichte fühlt sich vor allem der Würde der Opfer und der Überlebenden verpflichtet. Dafür wurden Spuren gesichert und Opferzahlen dokumentiert. Der historische Ort wie auch die topografischen Dimensionen des ehemaligen Lagers werden kenntlich gemacht. Ein zentraler Bestandteil der neuen Ausstellung ist das ehemalige Häftlingsbad, das jahrelang als Pausenraum für die Angestellten eines mitten auf dem Lagergelände angesiedelten Industriebetriebes diente. Erst 1997 hatte der Automobilzulieferer seine letzten Hallen auf dem ehemaligen Appellplatz abgebrochen und dieses frühere KZ-Gelände mit Wäscherei und Lagerküche der Gedenkstätte überlassen.

Die Gedenkstättenarbeit wird in dem Bewusstsein geleistet, dass die Überlebenden nur noch kurze Zeit persönlich Zeugnis ablegen können. Es ist nicht zuletzt den ehemaligen Häftlingen und ihren Verbänden zu verdanken, dass Flossenbürg zu einem europäischen Erinnerungsort geworden ist. Ihre Erfahrungen an die nachfolgenden Generationen weiterzugeben – das sehen sie als ihre Aufgabe und ihr Vermächtnis.

Annette Kraus

Hinterlassenschaften 1995–2010

1995

2000: Stiftung „Zentrum gegen Vertreibungen"
Das geplante Zentrum in Berlin macht vor allem die Vertreibung der Deutschen aus Osteuropa zum Thema. Der Bund der Vertriebenen erfährt für sein Konzept Kritik im In- und Ausland.

1999: Stiftung „Erinnerung, Verantwortung und Zukunft"
Erst nach langen Verhandlungen beteiligt sich die deutsche Wirtschaft an einer Stiftung für ehemalige NS-Zwangsarbeiter. Diese erhalten einmalige Entschädigungszahlungen.

Bauarbeiten vor europäischer Flagge, 1999
Europäische Kommission

1996: „Holocaust-Gedenktag"
Anlässlich des 51. Jahrestages der Befreiung des Konzentrationslagers Auschwitz erklärt Bundespräsident Roman Herzog den 27. Januar zum Gedenktag für die Opfer des Holocaust.

2005: Denkmal für die ermordeten Juden Europas

Der Bundestag beschließt den Bau eines zentralen Holocaust-Mahnmals in Berlin. Nach jahrelangen Debatten wird das Denkmal 2005 eingeweiht.

Denkmal für die ermordeten Juden Europas in Berlin
November 2009
KZ-Gedenkstätte Flossenbürg

2010

Terroranschlag auf das World Trade Center in New York
11. September 2001
AFP

Plakat gegen Nazi-Aufmärsche zum Jahrestag der Bombardierung Dresdens
28. Januar 2010
picture alliance / dpa

Slobodan Milošević vor dem Internationalen Strafgerichtshof in Den Haag
3. Juli 2001
ullstein bild – AP

Hinterlassenschaften 1995–2010

ORT

DER HISTORISCHE ORT
1997 überlässt der letzte Eigentümer den ehemaligen Appellplatz dem Freistaat Bayern. Das seit 1950 industriell genutzte Areal soll Bestandteil der Gedenkstätte werden. Obwohl das ehemalige Lagergelände jahrzehntelang vernachlässigt und überformt wurde, finden sich noch zahlreiche Spuren des früheren Konzentrationslagers. Gebäude, Strukturen und Fundstücke sind Sachzeugnisse des Tatorts Flossenbürg. Mit der Sicherung und dem Erhalt dieser Relikte beginnt die Neukonzeption der KZ-Gedenkstätte.

rechts: Funde im ehemaligen Lagergelände, 2000–2010
KZ-Gedenkstätte Flossenbürg

Entwurf eines Schreibens des bayerischen Kultusministers Hans Zehetmair an den bayerischen Ministerpräsidenten, 31. März 1998
Das „Werk Flossenbürg" der Firma Alcatel befindet sich auf dem ehemaligen Appellplatz des Konzentrationslagers. Durch die Schenkung wird dieser zentrale Bereich erstmals Teil der Gedenkstätte.
Bayerisches Staatsministerium für Unterricht und Kultus

ENTWURF

BAYER. STAATSMINISTERIUM FÜR UNTERRICHT, KULTUS, WISSENSCHAFT UND KUNST

Schreiben des Herrn Staatsministers

München, 06.04.98
Nr. LZ 5 - 0375 - 4
MA-Nr. 1285

An den
Bayerischen Ministerpräsidenten
Herrn Dr. Edmund Stoiber
Franz-Josef-Strauß-Ring 1

80539 München

Sehr geehrter Herr Ministerpräsident,
lieber Edmund,

die Grundstücksschenkung auf dem Gelände des ehemaligen KZ Flossenbürg steht vor dem Abschluss, so dass die Voraussetzungen geschaffen sind, um für die Neugestaltung konkrete Überlegungen und Maßnahmen in die Wege zu leiten. Die Verbände der Überlebenden KZ-Häftlinge von Tchechien über Rußland und Israel bis in die USA und vielen anderen Ländern setzen erhebliche Erwartungen in die neuen Möglichkeiten, die durch die Schenkung des ehemaligen Appellplatzes und der darauf stehenden Wäscherei- und Küchengebäude gegeben sind. Die Übergabe der Alcatel-Schenkung wird zum 1. Juli 1998 erfolgen.

Die Landeszentrale für politische Bildungsarbeit, die innerhalb meines Ministeriums federführend für die Gedenkstättenarbeit in Bayern verantwortlich ist, hat in den vergangenen Monaten bereits in Erwartung der Schenkung Vorarbeiten geleistet; da die Nutzung der durch Schenkung überlassenen Gebäude erst mittelfristig gegeben sein wird, bietet sich die Möglichkeit, im ehemaligen Kommantaturgebäude auf einer Fläche von insgesamt 175 qm im Erdgeschoss ein Büro mit Archiv und Bibliothek einzurichten. Damit ist für die internationale Öffentlichkeit ein Studien- und Dokumentationszentrum zugänglich, das verlässliche Daten weitergeben kann, z. B. über das Schicksal ehemaliger Häftlinge. Grundsätzliche Überlegungen der Landeszentrale zur Neugestaltung von der KZ-Gedenkstätte Flossenbürg

ORT
SITE

50. Jahrestag der Befreiung des KZ Flossenbürg

Der Jahrestag der Befreiung markiert einen Wendepunkt in der Erinnerung. Rund um den 23. April 1995 finden erstmals vielfältige Gedenkfeiern von verschiedenen Gruppen in Flossenbürg statt.

DÖW, Wien / Bayerischer Rundfunk, München / KZ-Gedenkstätte Flossenbürg

Einweihung eines Gedenksteins der SPD

50. Todestag Dietrich Bonhoeffers

Gedenkfeier der Evangelischen Landeskirche

Jüdische Gebets- und Gedenkstätte errichtet vom Landesverband der Israelitischen Kultusgemeinde in Bayern

Inschrift im Innenraum: Zachor (Erinnere Dich!)

Die „Arbeitsgemeinschaft ehem. KZ Flossenbürg" stellt Werke ehemaliger Häftlinge aus.

Michael Smuss, Überlebender des KZ Flossenbürg

Die evangelische Jugend erinnert an die Außenlager.

Einweihungsfeier

Gedenkfeier des Freistaates Bayern

ERINNERUNG

ERINNERUNGSARBEIT

Der 50. Jahrestag der Befreiung des Konzentrationslagers markiert einen Aufbruch für den Gedenkort Flossenbürg. Seither engagieren sich ehemalige Häftlinge stärker am historischen Ort. Während die Zahl der Zeitzeugen abnimmt, beteiligen sich nachfolgende Generationen zunehmend an der Erinnerungsarbeit. Daneben etabliert sich die Gedenkstätte als weiterer Träger der Erinnerung.

Broschüre „Flossenbürg Internationales Jugendtreffen", erschienen 2001
Seit 1995 organisiert die Evangelische Jugend Oberfranken interkulturelle Treffen in Flossenbürg. Im Zentrum stehen Begegnungen mit ehemaligen Häftlingen.
KZ-Gedenkstätte Flossenbürg

Erinnerungstafel für das Flossenbürger Außenlager Zschachwitz, April 1995
Seit den 1990er Jahren befasst sich die Evangelische Jugend mit den Flossenbürger Außenlagern.
KZ-Gedenkstätte Flossenbürg

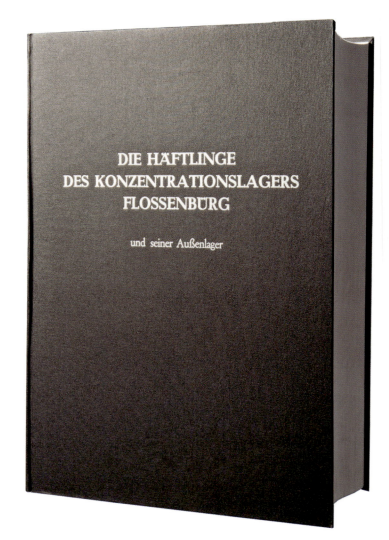

Die Häftlinge des Konzentrationslagers Flossenbürg und seiner Außenlager, Flossenbürg 2005
Das Buch enthält eine alphabetische Liste der etwa 89.000 namentlich bekannten Häftlinge. Es ist das Ergebnis jahrelanger Forschung der Gedenkstätte. Für ehemalige Häftlinge und deren Angehörige hat das Buch Beweis- und Gedenkcharakter.
KZ-Gedenkstätte Flossenbürg

Plakat für das Theaterstück „Moeder, we zullen goed voor elkaar zorgen!"
(Mutter, wir werden gut für einander sorgen!), Wervik 2010
Yves Durnez ist Autor und Darsteller dieses Einpersonenstücks. Er erzählt
die Verfolgungsgeschichte der drei Brüder Durnez. Zwei von ihnen sterben
im KZ Flossenbürg. Einzig sein Vater, Marcel Durnez, überlebt.
KZ-Gedenkstätte Flossenbürg

Yves Durnez, Sohn des belgischen KZ-Überlebenden Marcel Durnez, spricht in seiner Rede während des Überlebendentreffens im Jahr 2008 über die Verantwortung der nachfolgenden Generationen:
„Dasjenige, was hier passiert ist, darf nicht vergessen werden, damit es sich nie mehr wiederholt. Deswegen wird uns, der zweiten Generation, die Fackel langsam aber sicher weitergereicht. Dadurch, dass Jugendliche hierher kommen, können sie selber der Wahrheit ins Auge sehen und mit den letzten Zeitzeugen in Kontakt treten. Die Begegnung (...) hilft den Jugendlichen zu wählen. Wählen zwischen friedlichem Zusammenleben, Offenheit, Respekt und Würde einerseits und Angst, Terror, Borniertheit und Gleichgültigkeit anderseits."

ÜBERLEBENDE

SPÄTFOLGEN
Die Erfahrung der KZ-Haft lässt die Überlebenden bis heute nicht los. Einige versuchen, die Vergangenheit zu vergessen oder zu verdrängen. Andere wiederum konfrontieren sich und ihre Umgebung offen mit ihrer Geschichte. Ob bewusst oder nicht, die Nachwirkungen der Haft zeigen sich ein Leben lang – auch in Angstzuständen und Alpträumen.

Die KZ-Haft verfolgt den ehemaligen jüdischen Häftling Jakob Silbermann noch nach Jahrzehnten:
„Diese Nacht hab' ich kein Auge zugemacht. Die Erinnerungen, die Alpträume. Gucken Sie mich an, ich bin doch ein fester Mann, ein starker Mann, gut aussehender Mann, aber glauben Sie mir, krank bin ich durch und durch. Ich schreie bei Nacht, ich habe Alpträume, ich habe immer Angstgefühle. Wissen Sie, da sehe ich, da kommt ein SS-Mann, läuft mir nach, will mich schlagen, will mich erschießen, dann fange ich an zu schreien. Man merkt mir ja gar nicht an, dass ich Verfolgungswahn hab'."

Autokennzeichen von Steve Israeler, New York/USA, 2010
Der ehemalige Häftling Steve Israeler wählt seine Haftnummer aus dem KZ Flossenbürg als Autokennzeichen.
KZ-Gedenkstätte Flossenbürg

Hinterlassenschaften 1995–2010

Weibliche Häftlinge während eines Luftangriffs im Außenlager Nürnberg, Figurengruppe von Magda Watts, Eilat/Israel 2009
Im Außenlager Nürnberg fertigte Magda Watts Puppen, die sie gegen Lebensmittel tauschte. Heute verarbeitet die Künstlerin ihre Vergangenheit mit der Darstellung von Szenen aus dem Konzentrationslager.
KZ-Gedenkstätte Flossenbürg

Hinterlassenschaften 1995–2010

ORT

FLOSSENBÜRG 2010
Die heutige KZ-Gedenkstätte umfasst nur einen kleinen Teil des früheren Lagers. Spuren des Konzentrationslagers finden sich jedoch bis heute überall im Ort.

Ehrenfriedhof
KZ-Gedenkstätte Flossenbürg

Ehemaliges SS-Wohnhaus

ERINNERUNG

FLOSSENBÜRG – EUROPÄISCHER ERINNERUNGSORT
Der Name Flossenbürg ist für immer mit den Verbrechen der Nationalsozialisten verbunden. An die Opfer des Konzentrationslagers wird in ganz Europa erinnert.

Berlin, Deutschland
Gedenktafel am Wittenbergplatz
KZ-Gedenkstätte Flossenbürg

Hradištko, Tschechien
Denkmal für das ehemalige Außenlager Hradischko
KZ-Gedenkstätte Flossenbürg

ÜBERLEBENDE

DAS VERMÄCHTNIS DER ÜBERLEBENDEN
Solange sie können, kehren ehemalige Häftlinge an den Ort ihres Leidens zurück. Sie gedenken der Toten und geben ihre Erinnerungen an nachfolgende Generationen weiter.

Shlomo Lavi (Israel)
KZ-Gedenkstätte Flossenbürg

Jack Garfein (Frankreich)
KZ-Gedenkstätte Flossenbürg

TÄTER

SPÄTE GERECHTIGKEIT?
Noch immer finden Prozesse gegen NS-Täter statt. Die Beschuldigten waren meist kleine Funktionsträger und wurden lange Zeit nicht verfolgt. Heute erregen diese Fälle große mediale Aufmerksamkeit.

Ingeborg Aßmus war Aufseherin im Außenlager Helmbrechts.
Bayerischer Rundfunk, München

Sie lebt nach dem Krieg in Ost-Berlin.

Ehemaliges Wachhaus am Steinbruch

Steinbruch

Baracke im Steinbruch

Natzwiller, Frankreich
Denkmal in der KZ-Gedenkstätte
Natzweiler-Struthof
Centre européen du résistant déporté, Natzwiller

Warschau, Polen
Gedenktafel vor dem ehemaligen
Gefängnis Pawiak
Muzeum Niepodległości, Warszawa

Hainichen, Deutschland
Gedenkstein für das ehemalige Außenlager
KZ-Gedenkstätte Flossenbürg

Roman Dębiński und Waldemar Brzozowski (Polen)
Peter Wentzler, Braunschweig

Clément Meis (Frankreich)
Association de Flossenbürg, Paris

Leon Weintraub (Schweden)
Mark Mühlhaus, Witten

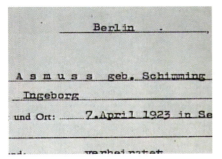
Die Stasi beobachtet Ingeborg Aßmus jahrelang.

Dennoch wird Ingeborg Aßmus in der DDR nie angeklagt.

Erst 1996 ermittelt die Staatsanwaltschaft Hof wegen möglicher Tötungsdelikte gegen sie. Bevor das Verfahren eröffnet wird, stirbt Ingeborg Aßmus.

Hinterlassenschaften 1995–2010

ORT

Ehemaliges Verwaltungsgebäude im Steinbruch   Ehemalige Lagerkommandantur   Ehemalige Trafostation

ERINNERUNG

Prag, Tschechien
Inschrift in der Pinkas-Synagoge
Jüdisches Museum Prag

Tarnów, Polen
Denkmal für Kriegs- und Faschismusopfer
KZ-Gedenkstätte Flossenbürg

ÜBERLEBENDE

Jack Terry (USA)
Mark Mühlhaus, Witten

Julien Van Den Driessche (Belgien)
KZ-Gedenkstätte Flossenbürg

Julek Kissil (Deutschland)
KZ-Gedenkstätte Flossenbürg

TÄTER

Der Ukrainer John Demjanjuk war SS-Wachmann im Vernichtungslager Sobibór sowie im KZ Flossenbürg. 2009 wird er von den USA an Deutschland ausgeliefert. Als eines der letzten NS-Verfahren erntet der Fall weltweite Aufmerksamkeit.

Seit 2008 ermittelt die deutsche Justiz gegen John Demjanjuk.
tvschoenfilm, Frankfurt am Main

Gerhard Windschügl und Ulrike Scherer aus Flossenbürg berichten über ihr Verhältnis zur Gedenkstätte:

„Wir sind nicht durchgeführt worden, weder von den Eltern, noch von den Lehrern. Ich wohne im unteren Teil des Dorfes. Da hat's geheißen, im KZ oben. Aber ansonsten ist die Gedenkstätte Flossenbürg so nicht präsent gewesen für mich. Und für mich persönlich hat dann das Beschäftigen mit der Gedenkstätte mit Zunahme der Überlebendentreffen eingesetzt. Und dann hab ich erst durch die Teilnahme bei Führungen so richtig massiv erfahren, was in Flossenbürg passiert ist."

„Also, mich hat damals vor zehn Jahren der Bürgermeister angerufen, ob ich da Interesse hätte, Führungen zu machen. Und da hab ich anfangs eigentlich Skrupel gehabt, weil das ja in Flossenbürg nicht recht beliebt ist, wenn man da oben Führungen macht. Und dann hab ich mich eben ins Thema reingelesen. Das hat mich dann eigentlich interessiert. Dann hab ich angefangen, mich ganz intensiv damit zu beschäftigen und dann ist es erst mit dem Lager aufgetaucht."

Como, Italien
Denkmal für den europäischen Widerstand
ISC, Como

Nossen, Deutschland
Denkmal für das ehemalige Außenlager
KZ-Gedenkstätte Flossenbürg

Eva Štichová, Helga Hošková und Lisa Miková (Tschechien)
Mark Mühlhaus, Witten

Samuel Brückner (Israel)
Herbert Baumgärtner, Regensburg

Neo Roveretto (Italien)
Mark Mühlhaus, Witten

Die Anklage lautet auf Beihilfe zum Mord in Sobibór.

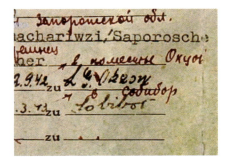

Hinterlassenschaften 1995–2010

ORT

Ehemaliges SS-Casino

Ehemaliger Lagereingang

Ehemalige Lagerküche

ERINNERUNG

Wrocław, Polen
Gedenktafel an der St. Elisabeth-Kirche
KZ-Gedenkstätte Flossenbürg

Oederan, Deutschland
Überlebende des Außenlagers vor der Gedenktafel
KZ-Gedenkstätte Flossenbürg

Ljubelj, Slowenien
Denkmal im ehemaligen Außenlager Loiblpass des KZ Mauthausen
BMI, Wien / KZ-Gedenkstätte Mauthausen

ÜBERLEBENDE

Rozsa Szilagyi, György Denes, Lajos Lugosi (Ungarn)
KZ-Gedenkstätte Flossenbürg

Alexander H. Laks (Brasilien)
Mark Mühlhaus, Witten

Dov Nasch (Belgien)
KZ-Gedenkstätte Flossenbürg

TÄTER

Anhand des Falles Demjanjuk entwickelt sich eine Debatte über das Für und Wider der späten Strafverfolgung.

„Die Rückkehr des KZ-Wächters"
Ostsee-Zeitung, 13. Mai 2009

„Die Zeit drängt"
Reutlinger General-Anzeiger, 13. Mai 2009

Ehemalige Lagerwäscherei

Wohnhäuser auf dem ehemaligen Lagergelände

Kapelle „Jesus im Kerker"

Weimar, Deutschland
Denkmal für die ermordeten Sinti und Roma in der KZ-Gedenkstätte Buchenwald
Gedenkstätte Buchenwald, Foto: Peter Hansen

Svatava, Tschechien
Denkmal für das ehemalige Außenlager Zwodau
KZ-Gedenkstätte Flossenbürg

Paris, Frankreich
Überlebendenverband vor dem Denkmal auf dem Friedhof Père Lachaise
Association de Flossenbürg, Paris

Celina Wojnarowicz (Polen)
KZ-Gedenkstätte Flossenbürg

Mendel Tropper, Eric Hitter, Leslie Kleinman, Meir und Shmuel Reinstein, Dov Nasch, Avraham Leder, Martin Hecht
KZ-Gedenkstätte Flossenbürg

Paul Beschet (Frankreich)
Association de Flossenbürg, Paris

„Demjanjuk – ein schwieriger Fall"
Frankenpost, 13. Mai 2009

„Mühsame Annäherung an die Wahrheit"
Süddeutsche Zeitung, 14. August 2010

„Das letzte Aufgebot"
Der Spiegel, 6. April 2009

Hinterlassenschaften 1995–2010

ORT

„Tal des Todes"

Ehemaliger Appellplatz

ERINNERUNG

Helmbrechts, Deutschland
Denkmal für das ehemalige Außenlager
KZ-Gedenkstätte Flossenbürg

Wien, Österreich
Mahnmal für die Opfer der Shoah
BMI, Wien / KZ-Gedenkstätte Mauthausen

Kraków, Polen
Denkmal für die polnischen Opfer des Zweiten Weltkrieges
KZ-Gedenkstätte Flossenbürg

ÜBERLEBENDE

Eva Štichová (Tschechien)
KZ-Gedenkstätte Flossenbürg

Michal und Josef Salomonovic (Tschechien, Österreich)
Bernhard Neumann, Flossenbürg

Jan Závodný (Tschechien)
KZ-Gedenkstätte Flossenbürg

Berlin, Deutschland
Jüdisches Museum
Jüdisches Museum Berlin, Foto: Ernst Fessler

Ljubiša Letić (Serbien)
KZ-Gedenkstätte Flossenbürg

Jerzy Kucharski (Polen)
KZ-Gedenkstätte Flossenbürg

Michael Smuss (Israel)
Mark Mühlhaus, Witten

Hinterlassenschaften 1995–2010

ÜBERLEBENDE

Sergio Peletta (Italien)
Mark Mühlhaus, Witten

Leszek Żukowski (Polen)
KZ-Gedenkstätte Flossenbürg

Miloš Volf (Tschechien)
KZ-Gedenkstätte Flossenbürg

**Wiktor Aksjonow (Weißrussland),
Michailo Paljuch, Sergej Rybalka und
Mikola Gurtowenko (Ukraine)**
KZ-Gedenkstätte Flossenbürg

Bogdan Jaskulski (Polen)
KZ-Gedenkstätte Flossenbürg

WAS BLEIBT – VOM ENTWURF ZUR AUSSTELLUNG

DIE HÄFTLINGSKÜCHE
SEITE 188

ENTWURF
SEITE 190

MAKING OF
SEITE 194

IMPRESSIONEN
SEITE 200

Die Häftlingsküche

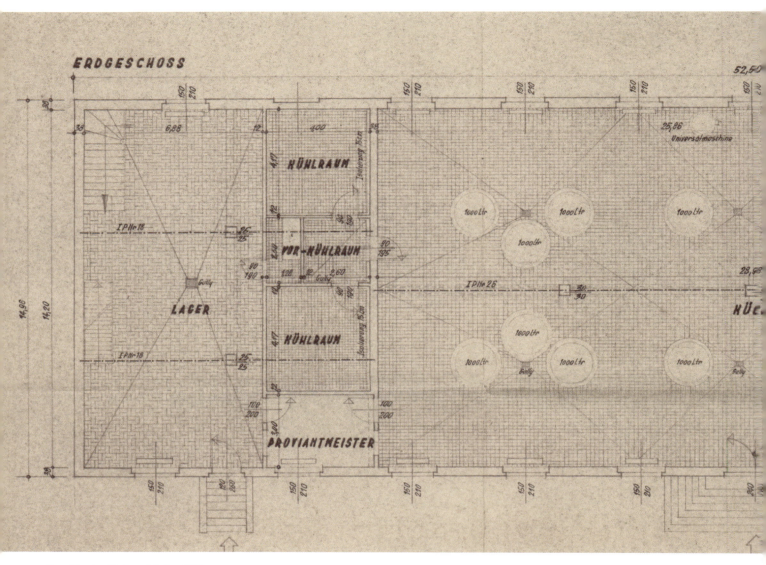

Grundriss des Küchengebäudes, 1942
Bundesarchiv Berlin

DIE HÄFTLINGSKÜCHE

Das Bauwerk wird 1939 errichtet und ist eines der wenigen massiven Steingebäude im Häftlingsbereich. In der Lagerküche muss ein Kommando von KZ-Häftlingen das Essen für alle Gefangenen zubereiten. Die Arbeit gilt als privilegiert, denn der Zugang zu Lebensmitteln erhöht die Überlebenschancen. In dem Gebäude befinden sich außerdem die Spülküche und das Lebensmittelmagazin.

rechts: Schnitt durch das Küchengebäude, Planzeichnung 1942
Bundesarchiv Berlin

Foto: Reste der elektrischen Stromversorgung für die Häftlingsküche
KZ-Gedenkstätte Flossenbürg

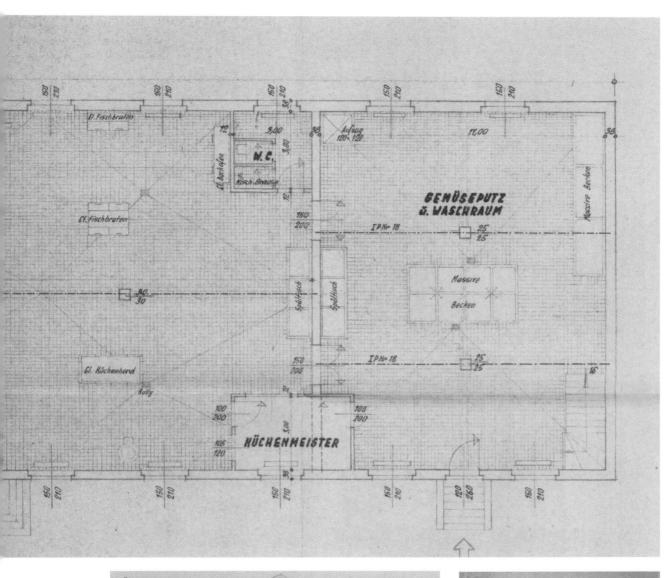
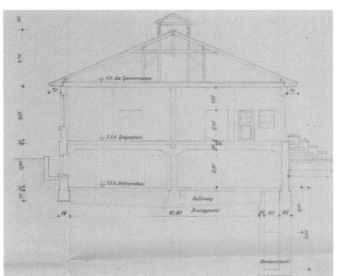

AUSSTELLUNG „WAS BLEIBT"
IN DER EHEMALIGEN HÄFTLINGSKÜCHE

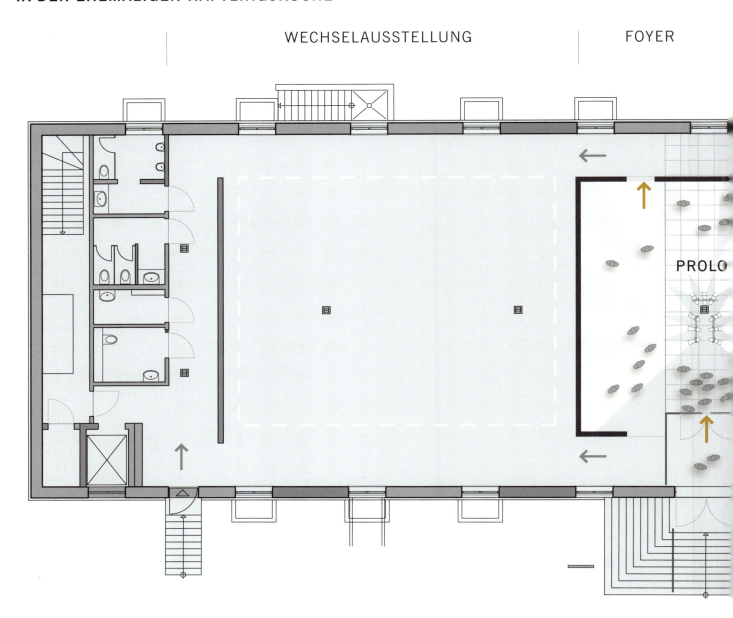

Grundriss, 2010
Bertron Schwarz Frey

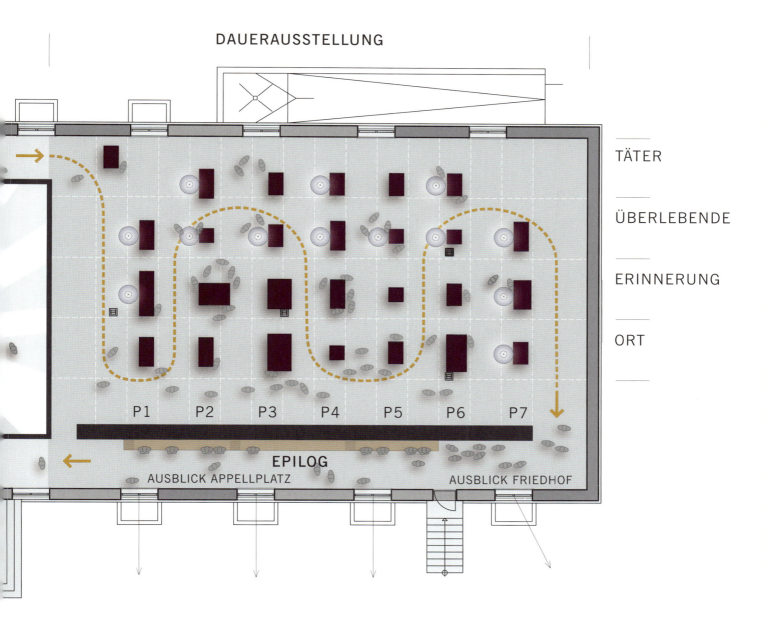

PERIODEN P1–P7

P1　FRÜHJAHR 1945
SCHWELLENSITUATION BEFREIUNG

P2　SOMMER 1945–1950
ÜBERGANG UND NEUORDNUNG

P3　1950–1958
SCHLUSSSTRICH UND INTEGRATION

P4　1958–1970
VERDRÄNGEN UND VERGESSEN

P5　1970–1980
SELEKTIVES ERINNERN

P6　1980–1995
UMSTRITTENE WIEDERENTDECKUNG

P7　1995–2010
HINTERLASSENSCHAFTEN

Entwurf

Wettbewerbsmodell, 2009
Ausstellungsraum

Wettbewerbsmodell, 2009
Ausstellungselemente: Vitrinen, Hörstationen und Medienwand

oben: **Planungsphase**
Festlegung der Inhalte des Ausstellungsraumes
mit den Medieninstallationen

rechts: **Ausstellungsbereich mit Vitrinen
und Hörglocken**
Akustiktests und Simulation

Making of

oben: Vitrinen für die Objektpräsentation
Aufbau und Installation

**links: Ausstellungsraum mit Hörglocken
und Medienwand**
Aufbau und Installation

Making of

Ausblick auf den ehemaligen Appellplatz

rechts: Epilog, Raum zur Reflexion

Impressionen

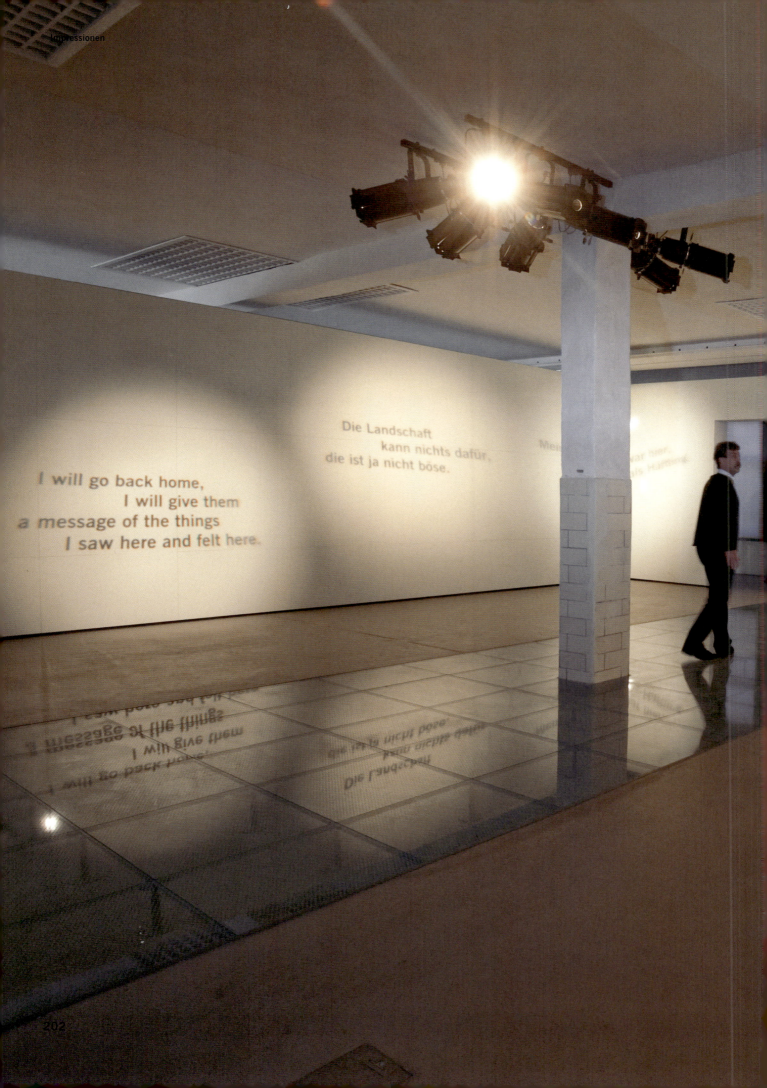

Ich habe von Dachau
und Auschwitz gehört,
aber noch nie von Flossenbürg.

Doch, es ge...
Es ist ein Stück...
unsere...

Ein komisches Gefüh...
...das schon, dass da plö...
...Wohnhäuser ste...

Impressionen

Impressionen

Impressionen

TÄTER PERPETRATORS

ÜBERLEBENDE SURVIVORS

VERDRÄNGTE SCHULD SUPPRESSED GUILT

SPÄTE ERMITTLUNGEN LATER INVESTIGATIONS

1975

SELEKTIVES ERINNERN SELECTIVE MEMORY

VERDRÄNGEN UND VER

Impressionen

ANHANG

ORTE
SEITE 216

PERSONEN
SEITE 218

ARCHIVE | LEIHGEBER
SEITE 220

BILDNACHWEIS
SEITE 221

ORTE

A Abens *88*
Abensberg *88*
Achdorf *88*
Aholfing *88*
Aicha v. Wald *88*
Aign *88*
Aiterbach *88*
Albersrieth *88*
Allershausen *88*
Altdorf *88*
Altdürnbuch *88*
Altendorf *88*
Altenhammer *126*
Altenstadt *88*
Altheim *88*
Amberg *58*
Ampermoching *88*
Amsterdam *76*
Ansbach *126, 133*
Anzing *88*
Appercha *88*
Arns *88*
Arnsdorf *88*
Ascha *88*
Asten *88*
Attenkirchen *88*
Au in der Hallertau *88*
Aue *126*
Auerbach *88*
Aufhausen *88*
Augsburg *90*
Auschwitz *10, 25, 36, 67, 97, 101, 112, 162, 164*

B Bach *88*
Bayreuth *126*
Beidl *88*
Bergen-Belsen *141, 143*
Berlin *32, 37, 52, 57, 74, 76, 82, 96, 97, 100, 113, 131, 133, 134, 135, 136, 141, 143, 144, 145, 158, 161, 162, 164, 165, 176, 183*
Bern *76*
Bernried *88*
Bitburg *141, 144*
Bodenwöhr *88*
Bogen *88*
Bonn *59*
Braunschweig *73*
Bruckberg *88*
Brüx (Most) *126*
Buchenwald *32, 37, 56, 72, 77, 97, 100, 143, 181*

C Cham *80, 88*
Chemnitz *126*
Como *179*

D Dachau *10, 25, 52, 60, 62, 63, 64, 65, 68, 73, 86, 152*
Dachelhofen *88*
Den Haag *165*
Dieterskirchen *88*
Dingolfing *88*
Dresden *126, 162, 165*
Dürrwimm *88*

E Ebersberg *88*
Eggenfelden *88*
Eichstätt *126*
Eilat *174*
Eisenberg (Jezeří) *126*
Erharting *88*
Essenbach *88*

F Falkenau (Sokolov) *126*
Falkenberg *88*
Fanö *134*
Flöha *126*
Floss *88*
Frankfurt am Main *97, 101, 112*
Frauenbiburg *88*
Freiberg *126*
Freutsmoos *88*
Fronberg *88*
Fuchsmühl *88*
Fuhrn *88*
Fürstenfeldbruck *59*
Fürstenstein *88*

G Ganacker *87, 126*
Garching *88*
Geisling *88*
Gottfrieding *88*
Grafenkirchen *88*
Grafenreuth *126*
Graslitz (Kraslice) *126*
Griesbach *88*
Gröditz *126*
Grünthal *88*
Gundelsdorf *126*
Gundihausen *88*
Günzenhausen *88*

H Hagelstadt *88*
Hailing *88*
Haimbuch *88*
Haimhausen *88*
Hainichen *126, 177*
Hainsacker *88*
Hamburg *101, 128, 133*
Hangenham *88*
Hankofen *88*
Hannover *123*
Happurg *126*
Harzling *88*
Hasselbach *88*
Hassenhausen *88*
Heilbrunn *88*
Heining *88*
Helmbrechts *11, 34, 97, 114, 126, 176, 182*
Hersbruck *126, 142, 150*
Hertine (Rtyně) *126*
Hirschhorn *88*
Hirschstein *126*
Hof *97, 114, 177*
Hofdorf *88*
Hof-Moschendorf *126*
Hohenbachern *88*
Hohenegglkofen *88*
Hohenstein-Ernstthal *126*
Hohenthan *126*
Holleischen (Holýšov) *48, 126*
Höpfingen *11, 97, 114*
Hradischko (Hradištko) *126, 133, 176*

I Ittling *88*
Ihrlerstein *88*
Irlbach *88*
Ismaning *88*

J Jalta *36*
Janowitz (Vrchotovy Janovice) *116, 126, 135*
Jerusalem *96*
Johanngeorgenstadt *126, 133*
Jungfern-Breschan (Panenské Břežany) *126*

K Kemnath *88*
Kirchanschöring *88*
Kirchham *126*
Kirchloibersdorf *88*
Kleintettau *88*
Knellendorf *126*
Königstein *126*
Köln *77*
Kraków *182*
Krondorf-Sauerbrunn (Korunní) *126*
Kulz *88*

L Landsberg *73, 82*
Langenbach *88*
Laufen *88*
Lauterhofen *88*
Leiblfing *88*
Leipzig *132*
Leitmeritz (Litoměřice) *126*
Lengenfeld *126*
Lengthal *88*
Ljubelj (Loiblpass) *180*
Lobositz (Lovosice) *126*
Lohkirchen *88*
Loitzendorf *88*
London *85, 131, 135*
Ludwigsburg *82, 119, 126*
Luhe *70, 88*
Lyndhurst *156*

M Mallersdorf *80*
Markt Indersdorf *54, 58, 60*
Markt Schwaben *88*
Marzling *88*
Massenhausen *88*
Mauthausen *180*
Mehltheuer *126*
Mittersfels *88*
Mittweida *126*
Mockethal-Zatzschke *126*
Moosbach *88*
Moosburg *88*
Moosthenning *88*
Mötzing *88*
Mülsen-St. Micheln *126*
München *88, 110*
Muschenried *88*

N Nabburg *49, 88*
Nammering *80, 88*
Natzwiller (Natzweiler-Struthof) *177*
Neu Rohlau (Nová Role) *126*
Neuengamme *143*
Neuhirschstein *126*
Neukirchen *88*
Neukirchen zu St. Christoph *88*
Neumarkt St. Veit *81*
Neunburg vorm Wald *34, 35, 44, 81*
Neustadt a.d. Waldnaab *103*
Neutraubling *80, 88*
New York *67, 78, 160, 165, 173*
Niederaichbach *88*
Niederbergkirchen *88*
Niederhummel *88*
Niedertaufkirchen *88*
Niederviehbach *88*
Nörting *88*
Nossen *126, 179*
Nürnberg *52, 56, 81, 84, 126, 174*

O Oberalteich *88*
Oberhaid *88*
Oberhummel *88*
Oberneukirchen *88*
Oberpiebing *88*
Obertraubling *126*
Oberviechtach *88*
Obing *88*
Oederan *126, 180*
Ombud *67*
Ottering *88*

P Painten *88*
Paris *78, 79, 181*
Parkstetten *88*
Parsdorf *88*
Pechbrunn *88*
Peking *140*
Perschen *88*
Pfaffenhofen *88*
Pielenhofen *88*
Pilgramsberg *88*
Pirk *88*

Pirna *126*
Plattling *81, 88, 126*
Plauen *126*
Pleystein *80*
Plößberg *88*
Pocking *88*
Poing *88*
Porschdorf *126*
Poschetzau (Božičany) *126*
Postau *88*
Potsdam *123*
Pottenstein *126, 142, 154, 156, 157*
Prag *178*
Premenreuth *88*
Pullach *88*

R Rabstein (Rabštejn) *126*
Ransbach *88*
Rattiszell *88*
Ravensbrück *72, 73, 82, 143*
Regensburg *63, 80, 84, 126*
Reissing *88*
Renholding *81, 88*
Rettenbach *80, 88*
Reuth bei Erbendorf *126*
Rochlitz *126*
Rötz *88*
Rohrbach *88*

S Saal a.d. Donau *88, 126*
Sachsenhausen *72, 143*
Saltendorf *88*
Schambach *88*
Schirmitz *88*
Schlackenwerth (Ostrov nad Ohří) *126*
Schmidmühlen *88*
Schnaitsee *88*
Schönach *88*
Schönau *88*
Schönberg *136*
Schönheide *126*
Schonstett *88*
Schönthal *88*
Schupf *81*
Schwarzenfeld *88*
Schwarzhofen *88*
Seebarn *88*
Seeon *88*
Seifhennersdorf *126*
Siegenburg *88*
Siegmar-Schönau *126*
Simbach *88*
Sobibór *163, 178, 179*
Sossau *88*
Spielberg *88*
Srebrenica *160*
St. Georgenthal (Jiřetín) *126*
Stallwang *88*
Stamsried *88*
Steinach *88*
Steinschönau (Kamenicky Šenov) *126*
Strasskirchen *88*
Stulln *126*
Sünching *88*
Sünzhausen *88*

T Tábor *78*
Taching *88*
Tarnów *178*
Taxöldern *88*
Tegernbach *88*
Tettau *88*
Teuerting *88*
Thal-Berghofen *88*
Thann *88*
Theresienstadt (Terezín) *126*
Thonstetten *88*
Thürnthenning *88*

Tittmoning *88*
Torgau *32*
Tötzham *88*
Train *88*
Traunstein *88*
Trostberg *88*
Tschernobyl *140*
Tünzhausen *88*

U Unholzing *88*
Unterreit *88*
Unterwattenbach *88*

V Velešín *48*
Venusberg *126*
Vilsbiburg *88*
Volksmannsdorf *88*
Vötting *88*

W Waging *88*
Wallern (Volary) *34, 48*
Wallersdorf *87, 88*
Warschau *87, 118, 122, 177*
Weichshofen *88*
Weiden *55, 58, 66, 78, 143*
Weimar *181*
Wernberg *88*
Wervik *171*
Wetterfeld *81, 88*
Wien *182*
Wiesau *88*
Wilchenreuth *88*
Wildflecken *59*
Wilischthal *126*
Windischbergerdorf *88*
Windischeschenbach *88*
Winhöring *88*
Winklarn *88*
Wolkenburg *69, 126*
Wörth *88*
Wrocław *135, 180*
Würzburg *126*

Z Zeilsheim *58, 59*
Zell *88*
Zielheim *88*
Zinzenzell *88*
Zschachwitz *126, 170*
Zschopau *126*
Zwickau *126*
Zwodau (Svatava) *48, 126, 181*

PERSONEN

A Adenauer, Konrad 52, 57, 72
Ajke, Aaron 78
Ajke, Marek 78
Aksjonow, Wiktor 185
Apitz, Bruno 97, 100
Arben, David 59, 79
Arendt, Hannah 96
Arndt, Adolf 113
Aßmus, Ingeborg 176, 177

B Bamberger, Jakob 153
Bauer, Fritz 73, 97, 101
Bauernschmitt, Dieter 157
Becker, Josef 69
Becker, Roger 78
Bedenk-Bajc, Mira 78
Benedikt, Israel 65
Beschet, Paul 181
Bonhoeffer, Dietrich 73, 74, 91, 99, 114, 120, 124, 128, 130, 131, 132, 133, 134, 135, 136, 137, 168
Brand, Hans 142, 154, 157
Brandt, Willy 118, 122
Brückner, Samuel 179
Brusch, Wilhelm 69
Brzozowski, Waldemar 177
Buchführer, Alfred 62
Buchmann, Erika 73, 82
Bulwa, Jakob 62

C Canaris, Wilhelm 73, 74, 90, 92, 99, 114, 115, 120, 124
Chruschtschow, Nikita 96
Churchill, Winston 33, 36
Cyranowska, Genowefa 68

D Dębiński, Roman 177
Dekeyser, Charles 59
Demjanjuk, John 163, 178, 180, 181
Denes, György 180
Denson, Wiliam D. 69
Dörr, Alois 97, 114
Durnez, Marcel 79, 171
Durnez, Yves 171

E Edelmann, Max 156
Eichmann, Adolf 96
Eisenhower, Dwight D. 46
Eisenman, Peter 161
Erhard, Ludwig 77

F Farkosz, Erwin 62
Farkosz, Lipot 62
Feldbaum, Berek 63
Fischer, Joschka 161
Fleer, Fritz 128
Flick, Friedrich Karl 140
Frączak, Kazimierz 79
Frank, Anne 76

G Galinski, Heinz 148
Garfein, Jack 176
Gehre, Ludwig 91
Geisberger, Johann 91
Geißler, Heiner 141
Goldhagen, Daniel 161
Goldstein, Samuel 40
Gorbatschow, Michail 140
Goździkowska, Celina (siehe Wojnarowicz, Celina) 78
Grass, Günter 162
Grynbaum, Chuna 58
Gurtowenko, Mikola 185

H Hacmac, Josef 47
Hajmann, Manfred 63
Hecht, Jakob 61
Hecht, Martin 61, 181
Herzog, Roman 162, 164
Hitler, Adolf 53

Hitter, Eric (Imre) 63, 85, 181
Honecker, Erich 118
Hošková, Helga 179
Huppenkothen, Walter 73, 74, 90, 91

I Israeler, Steve (Sacher) 61, 79, 173

J Jaeger, Richard 83
Jaskulski, Bogdan 185
Junger, Samuel 63
Juskiewicz, Usher Zelig 59

K Kadyziewicz, Hil 64
Kampel, Fischer 64
Kastrizkaja, Galina 79
Kennedy, John F. 96
Kissil, Julek 178
Klappholz, Kurt 64
Klein, Ernö 64
Klein, Sandor 65
Kleinman, Leslie 67, 181
Kleinmann, Gitta 67
Kleinmann, Hermann 67
Kleinmann, Irena 67
Kleinmann, Lazar (siehe Kleinman Leslie) 66, 67
Kleinmann, Mordechei 67
Kleinmann, Olga 67
Kleinmann, Rachel 67
Kleinmann, Sarah 67
Koegel, Max 52, 61
Kogon, Eugen 53, 56
Kohl, Helmut 141, 144, 145
Körber, Hans 157
Korn, Salomon 10
Kučera, Miloš 64
Kucharski, Jerzy 183

L Lakovič, Vladimir 47
Laks, Alexander H. 79, 180
Langbein, Hermann 97, 101
Lavi, Shlomo 176
Leder, Avraham 181
Lepucki, Henryk 84
Lešák, Emil 32
Letić, Ljubiša 183
Lugosi, Lajos 180
Luksenburg, Welek 58
Lunding, Hans 90, 91

M Margraff, Henri 131
Meis, Clément 177
Miková, Lisa 179
Milošević, Slobodan 165
Mistinger, Leo 40
Muggenthaler, Thomas 157

N Nasch, Dov 180, 181

O Orwell, George 140
Oster, Hans 90, 120

P Paljuch, Michailo 185
Peletta, Sergio 184
Pertini, Sandro 120, 123

R Reagan, Ronald 141, 144
Reinstein, Meir 181
Reinstein, Shmuel 181
Remer, Otto Ernst 73, 74, 97
Reuter, Ernst 74
Roosevelt, Franklin D. 33, 36
Roth, Miklós 58, 65
Roveretto, Neo 179
Russell, W. I. 47
Rybalka, Sergej 130, 185

S Sack, Karl 91
Salomonovic, Josef 182
Salomonovic, Michal 182

Scherer, Ulrike 179
Schindler, Oskar 142, 145
Schleyer, Hanns-Martin 118
Schmidt, Kynophas 11, 98, 106, 108, 110
Schmidt, Renate 168
Schrade, Carl 65
Schröder, Gerhard 161
Seelos, Gebhard 83
Siegert, Toni 143, 150
Silbermann, Jakob 172
Sivera, František 78
Smuss, Michael 112, 169, 183
Speer, Albert 122
Spielberg, Steven 142, 145
Stalin, Josef 33, 36
Staudte, Wolfgang 57
Štichová, Eva 179, 182
Strauß, Franz Josef 120, 123
Szilagyi, Rozsa 180
Sztajnberg, Naftali 58, 65
Sztajnkeler, Moszek 61

T Tacikowski, Józef 58, 84
Terry, Jack 42, 178
Thoma, Ludwig 83
Thorbeck, Otto 73, 74, 90, 91
Topel, Mordka 66
Tropper, Mendel 181

U Ulbricht, Walter 118
Utz, Armand 79

V Van Den Driessche, Julien 79, 178
Vanselow, Gerd 142, 150
Verstraete, Armand 79
Vierling, Wilhelm 55, 66
Volf, Miloš 184

W Wabnitz, Heinz-Bernd 177
Watts, Magda 174
Weintraub, Leon 177
Weizsäcker, Richard von 141
Werner, Johann 168
Wiesenthal, Simon 148
Windschügl, Gerhard 179
Witelson, Wolf 78
Wojnarowicz, Celina 181

Z Závodný, Jan 182
Zehetmair, Hans 166, 168
Żukowski, Leszek 59, 87, 184

ARCHIVE UND LEIHGEBER

A AFP – Agence France-Presse, Berlin
Archiv Jüdische Allgemeine, Berlin
Associated Press, Frankfurt am Main
Association des Déportés de Flossenbürg et Kommandos, Paris

B Bayerische Verwaltung der staatlichen Schlösser, Gärten und Seen, München
Bayerischer Rundfunk, München/Regensburg
Bayerisches Hauptstaatsarchiv, München
Bayerisches Staatsministerium für Unterricht und Kultus, München
bpk – Bildagentur für Kunst, Kultur und Geschichte, Berlin
Bundesarchiv Koblenz und Ludwigsburg
BStU – Bundesbeauftragte für die Stasi-Unterlagen, Berlin
BMI – Bundesministerium für Inneres, Wien/KZ-Gedenkstätte Mauthausen
bpb – Bundeszentrale für politische Bildung, Bonn/Berlin
Burg- und Steinhauermuseum Flossenbürg

C Centre européen du résistant déporté, Natzwiller

D Deutsche Wochenschau GmbH, Hamburg
Deutscher Bundestag/Parlamentsarchiv, Berlin
Deutsches Filminstitut, Frankfurt am Main
DRK – Deutsches Rotes Kreuz/Suchdienst München
DÖW – Dokumentationsarchiv des Österreichischen Widerstandes, Wien
Dokumentations- und Kulturzentrum Deutscher Sinti und Roma, Heidelberg

E Europäische Kommission Bilderdienst, Brüssel

F Frankenpost Verlag GmbH, Hof

G Gedenkstätte Buchenwald
getty images, München
Gruner + Jahr, Hamburg

I ISC – Istituto di Storia Contemporanea „Pier Amato Perretta", Como

J Jüdisches Museum Berlin
Jüdisches Museum Prag

K Katolicki Uniwersytet Lubelski/Instytut Badań nad Polonią i Duszpasterstwem Polonijnym, Lublin
Kinowelt GmbH, Leipzig
Kleinman Family Foundation, Toronto
KZ-Gedenkstätte Dachau
KZ-Gedenkstätte Flossenbürg

L Landesarchiv Berlin
Landkreissiedlungswerk Neustadt a.d. Waldnaab

M Mahn- und Gedenkstätte Ravensbrück
Medienwerkstatt Franken, Nürnberg
MoJH – Museum of Jewish Heritage, New York
Muzeum Niepodległości, Warszawa

N National Archives, Washington D.C.
Norddeutscher Rundfunk, Hamburg

O Ostsee-Zeitung GmbH & Co. KG, Rostock

P Památník Terezín
picture alliance/dpa, Frankfurt am Main

R Reutlinger General-Anzeiger Verlags GmbH & Co. KG

S SPIEGEL-Verlag Rudolf Augstein GmbH & Co. KG, Hamburg
Staatsarchiv Hamburg
Stadtarchiv Holýšov
Stadtarchiv Landsberg
Stadtarchiv Weiden
Süddeutsche Zeitung GmbH, München
Südwestrundfunk, Stuttgart

T tvschoenfilm, Frankfurt am Main

U ullstein bild, Berlin
USHMM – United States Holocaust Memorial Museum/Photo Archives, Washington D.C.
USHMM/SSFVA – United States Holocaust Memorial Museum/Steven Spielberg Film and Video Archive, Washington D.C.

und private Leihgeber

Wir haben uns bemüht, die Rechte von Filmen, Fotos und Dokumenten zu ermitteln. Sollte dies nicht in allen Fällen gelungen sein, bitten wir, sich mit der KZ-Gedenkstätte Flossenbürg in Verbindung zu setzen.

BILDNACHWEIS

Herbert Baumgärtner *179*

Bertron Schwarz Frey *Titelfoto, 6–7, 18–19, 20–21, 26–27, 86* (unten), *158–159, 167, 176* (zweite Reihe links), *192, 193, 194* (unten), *195, 199, 200–201, 204–205, 206, 207, 208–209, 210–211, 213*

Peter Engelbrecht *154*

KZ-Gedenkstätte Flossenbürg *62* (oben), *189, 194* (oben), *196, 197, 198*

KZ-Gedenkstätte Flossenbürg/Baldauf und Baldauf *22–23, 41, 43, 47* (2), *60, 62* (unten), *66* (oben links), *84* (unten), *86* (2), *87, 89* (links), *107, 112* (unten), *115* (unten rechts), *127, 129, 131* (unten), *148* (oben), *150* (2), *151, 157, 173, 174–175, 202–203, 212*

Mark Mühlhaus *177, 178, 179* (2), *180, 183, 184*

Bernhard Neumann *182*

Hermann Oberhofer *136* (zweite Reihe, Mitte)

Wilfried Schulz *131* (2), *132, 133, 134, 135* (2), *136* (zweite Reihe, links)

Peter Wentzler *177*

IMPRESSUM

© KZ-Gedenkstätte Flossenbürg 2011

KZ-Gedenkstätte Flossenbürg
Gedächtnisallee 5–7
92696 Flossenbürg

Tel.: 09603/90390-0
Fax: 09603/90390-99
information@gedenkstaette-flossenbuerg.de
www.gedenkstaette-flossenbuerg.de

ISBN: 978-3-8353-0754-4

Ausstellung

Gesamtleitung
Dr. Jörg Skriebeleit

Projektkoordination
Ulrich Fritz, Johannes Ibel

Wissenschaftliches Ausstellungsteam
Anja Fritz, Ulrich Fritz, Kathrin Helldorfer,
Johannes Ibel, Annette Kraus,
Dr. Christa Schikorra, Dr. Alexander Schmidt,
Dr. Jörg Skriebeleit

Weitere Mitarbeit
Anna Andlauer, Eva Bracke,
Thomas Muggenthaler, František Nachlinger,
Jeanette Toussaint

Wissenschaftlicher Fachbeirat
Prof. Wolfgang Benz, Berlin
Wulff E. Brebeck, Paderborn
Prof. Michael Brenner, München
Dr. Gabriele Camphausen, Berlin
Michel Clisson, Moncoutant
Charles Dekeyser, Welkenraedt
Prof. Eberhardt Dünninger, Regensburg
Prof. Rudolf Endres, Buckenhof
Dr. Karola Fings, Köln
Dr. Renate Höpfinger, München
Uwe Neumärker, Berlin
Dr. Oskar Schneider, Nürnberg
Miloš Volf, Planá n. Lužnicí
Dr. Jens-Christian Wagner, Weimar
Dr. Celina Wojnarowicz, Warschau
Dr. Jürgen Zarusky, München

Jury Gestaltungswettbewerb
Wulff E. Brebeck, Paderborn
Peter Brückner, Tirschenreuth
Elisabeth Bücherl-Beer, Schönsee
Dr. Gabriele Camphausen, Berlin
Ulrich Fritz, Weiden
Rikola-Gunnar Lüttgenau, Weimar
Dr. Jörg Skriebeleit, Weiden

Lektorat
Nina Happe, Berlin
Dr. Anneke Hudalla, Berlin
Nicole Warmbold, Berlin

Englische Textfassung
Patricia Szobar, Berlin

Baumaßnahmen – Planung und Bauleitung
Staatliches Bauamt Amberg-Sulzbach –
Elisabeth Bücherl-Beer, Klaus Koch, Roland
Wellert, Christian Denz, Hans Zierer, Lothar Völkl

Ausstellungsarchitektur, grafische Gestaltung und Medienkonzeption
Bertron Schwarz Frey, Ulm und Berlin –
Prof. Ulrich Schwarz, Entwurfsleitung, Aurelia
Bertron, Prof. Claudia Frey, Marie Lauenroth,
Carina Ernst, Luise Krüger, Katharina Tomaselli,
Anja Kilian, Sebastian Scheller

Lichtdesign
Ringo T. Fischer, Leipzig

Lichttechnik
Messer & Körber GmbH, Weiden

Sonnenschutz
Multifilm GmbH, Oberroth

Medienproduktion, Filmschnitt
WHITEvoid interactive art & design, Berlin
Christopher Bauder, Christian Perstl,
Sylvia Steinhäuser

Medientechnik
AVE Verhengsten Gmbh & Co., Hannover

Audioproduktion
Bayerischer Rundfunk, Studio Regensburg –
Thomas Muggenthaler

Grafikproduktion
Oschatz Visuelle Medien GmbH & Co KG,
Wiesbaden

Exponatrestaurierung und -präsentation
Udo Cox, Gerolzhofen
Maria Ellinger, Nürnberg
Markus Raquet, Bamberg

Exponatreproduktion
Schein Berlin – Daniel Porsdorf

Ausstellungsbau
Arthur Jaschek GmbH & Co. KG,
Esslingen-Berkheim
Holz & Design, Kappler GmbH,
Birkenfeld-Gräfenhausen

Die Ausstellung wurde realisiert mit Mitteln
der Bundesrepublik Deutschland (Beauftragter
der Bundesregierung für Kultur und Medien)
und des Freistaates Bayern (Stiftung Bayerische
Gedenkstätten).

Vielen Dank
den zahlreichen ehemaligen Häftlingen des
KZ Flossenbürg sowie ihren Familien und
Freunden – außerdem zahlreichen Institutionen
und Privatpersonen für Unterstützung,
Leihgaben und Veröffentlichungsrechte.

Katalog

Herausgeber
KZ-Gedenkstätte Flossenbürg /
Stiftung Bayerische Gedenkstätten

Konzept
Aurelia Bertron, Johannes Ibel

Redaktion
Anja Fritz, Ulrich Fritz, Kathrin Helldorfer,
Johannes Ibel, Annette Kraus,
Dr. Christa Schikorra, Dr. Jörg Skriebeleit

Lektorat
Axel Henrici, Lohr am Main

Grafik
Bertron Schwarz Frey, Berlin –
Aurelia Bertron, Luise Krüger

Auflage: 2000 Stück
Druck: Druckerei Conrad GmbH, Berlin
Papier: LuxoArt Samt 135 g/qm und 300 g/qm
Schrift: News Gothic